**UMA FILOSOFIA
POLITICAMENTE
INCORRETA**

LUIZ FELIPE PONDÉ

UMA FILOSOFIA POLITICAMENTE INCORRETA

2ª edição

GLOBOLIVROS

Copyright da presente edição © 2019 by Editora Globo S.A.
Copyright © 2019 by Luiz F. Pondé
Todos os direitos reservados.

Nenhuma parte desta edição pode ser utilizada ou reproduzida — em qualquer meio ou forma, seja mecânico ou eletrônico, fotocópia, gravação etc. — nem apropriada ou estocada em sistema de banco de dados sem a expressa autorização da editora.

Texto fixado conforme as regras do acordo ortográfico da língua portuguesa (decreto legislativo nº 54, de 1995).

Preparação: Alexandre Boide
Revisão: Amanda Moura
Capa: Cris Viana – Estúdio Chaleira
Foto de capa: istock
Diagramação: Douglas K. Watanabe

CIP-BRASIL. CATALOGAÇÃO-NA-FONTE
SINDICATO NACIONAL DOS EDITORES DE LIVROS, RJ

Pondé, Luiz Felipe
Uma filosofia politicamente incorreta / Luiz Felipe Pondé. – 2ª ed. – São Paulo : Globo Livros, 2020.

ISBN 978-85-250-6718-0

1. Filosofia – Miscelânea. I. Título.

20-62315 CDD: 102
CDU: 101

Meri Gleice Rodrigues de Souza – Bibliotecária CRB-7/6439

2ª edição – fevereiro/2020
1ª edição publicada sob o título de *Guia politicamente incorreto da filosofia*

Editora Globo S.A.
Rua Marquês de Pombal, 25
Rio de Janeiro, RJ – 20230-240
www.globolivros.com.br

Para minha irmã Mônica Pondé (1957-2011)

Não é fácil definir o politicamente correto com precisão, mas é fácil reconhecer quando está presente. Ele age em mim como o som, de quando eu era criança, da unha de um professor arranhando a lousa (quadro-negro) porque seu giz era muito pequeno: isso me dava arrepios na espinha. É a tentativa de reformar o pensamento tornando algumas coisas indizíveis; também é a obscena, para não dizer intimidadora, demonstração de virtude (concebida como a adesão pública às visões 'corretas', isto é, 'progressistas') por meio de um vocabulário purificado e de sentimentos humanos abstratos.
Contradizer tais sentimentos, ou não usar tal vocabulário, é colocar-se fora do grupo de homens civilizados (ou deveria eu dizer "pessoas"?).
Theodore Dalrymple

Respeite a natureza, mas não há garantias de que ela o respeitará de volta.
Propaganda da grife de roupa islandesa 66° North.
Reykjavík, Islândia, 2011

Sumário

Introdução à segunda edição   11
Introdução à primeira edição   16

O politicamente correto e o general Patton   19
Aristocracia   27
A democracia, sua sensibilidade e seus idiotas   33
O outro   39
Romantismo e a natureza   45
Sexualidade, mulheres e homens   49
A beleza e a inveja   56
Os funcionários da educação, do intelecto e da arte   59
Viajar jamais   64
A tragédia do *keeper* ("o bom partido")   66
Religiões, fundamentalismos e budismo light   70
Natureza humana e felicidade   77
A nova hipocrisia social   83
Teologia de esquerda ou da libertação   86
A culpa   89
Injustiça social, mediocridade e banalidade   90
Hipocrisia em tempos de guerra   93
Ditadura   95
Leitor   96

Bovarismo   98
Canalhas cheios de amor   100
Banalidade   102
Os "sem iPads" do Reino Unido   104
O comércio de ideias   107

Apêndice   109

Introdução à segunda edição

1. Qual o mal que o politicamente correto faz?

A hipocrisia é a substância essencial e silenciosa da moral pública. Mas, para tudo tem um limite. Este livro é um ensaio de ironia que busca apontar um desses limites. Como digo na introdução à edição de 2012, ironia é um método em filosofia que visa desnudar uma mentira moral e não apenas um erro teórico, como é o caso do método cético. Como se diz em filosofia, a ironia é um método moral, o ceticismo, um método epistemológico.

A mentira moral a qual me dedico neste livro é o politicamente correto. De 2012 pra cá, essa mentira se tornou ainda mais hegemônica. A situação piorou muito nas escolas, universidades, editoras, mídia, na política, no poder judiciário, no mero uso da linguagem, enfim, em tudo que respira. Uma das maiores provas é o fato deste livro, escrito em 2012, ser hoje ainda mais incorreto do que era na época. A pergunta é: afinal, qual o mal que o politicamente correto faz?

Antes de tudo, ele nos faz covardes, um dano moral profundo. À medida que o politicamente correto se tornou uma ferramenta jurídica e de linchamento público nas redes sociais, ele começa a devastar a virtude da coragem, sem a qual ninguém diz, pensa ou faz nada que tenha valor (a não ser aquilo que for "correto"). Professores covardes, alunos covardes, jornalistas covardes, editores covardes, artistas covardes, intelectuais covardes. Ou coniventes. Observamos essa covardia ou conivência na pressa com que as pessoas se mostram corretinhas: todos são sem preconceitos, todos a favor do bem e dos vulneráveis. No jornalismo em especial, esse comportamento revela o tédio que toma conta da vida sob o medo de reportar a própria vida aos vivos e aos mortos. Um jornalista correto é um irrelevante. Na educação, esse comportamento revela a superficialidade de toda forma de conhecimento correto em lidar com a realidade. Na arte, esse comportamento revela uma linguagem amedrontada. Nas relações afetivas, esse comportamento revela a vida sem afeto porque todo afeto impõe uma certa dose de risco e medo. O politicamente correto é uma forma peculiar de infantilização do mundo.

Mas, esse mal também se estende ao campo cognitivo: o politicamente correto nos faz menos inteligentes porque nos vicia em repetir frases feitas, concordar com conceitos que garantam nossa sociabilidade e empregabilidade, enfim, reduz nosso repertório, efeito cognitivo clássico de uma vontade amedrontada sobre o intelecto. Ao fim, nos tornamos profissionais sabidamente irrelevantes, a menos que trabalhemos para as causas corretas. A verdade última, é que até o "bem" pode ser totalitário. Um fato histórico indiscutível é que todo totalitário se vê como um agente sem sombras do "bem".

O que há de comum nas diferentes formas de mal que o politicamente correto faz é justamente a eliminação das sombras nas pessoas, na sociedade, no mundo, na história. E um mundo sem sombras é um mundo raso. Toda discussão psicológica, teológica, moral e consistente sabe disso. Ao eliminarmos as sombras do mundo, eliminamos sua consistência mais íntima. Um mundo de corretinhos é um mundo de canalhas que se fingem de honestos. Os ambientes de trabalho viram salões de festas e coquetéis em que os vícios fingem prestar honras as virtudes, como diria o moralista francês La Rochefoucauld no século XVII.

Nos jovens em especial o politicamente produz adultos irrelevantes em termos morais: melancólicos que se escondem atrás de esquemas políticos ideológicos para não terem que lidar com suas agonias mais cotidianas. Em vez de arrumar o quarto, se dizem a favor de salvar o mundo. E quando algo afeta os mais jovens, é o futuro que se revela de forma concreta.

2. O que é o contrário do politicamente correto?

Ser incorreto não é ser mal-educado, grosseiro, preconceituoso, racista, enfim, alguém "do mal". O contrário do politicamente correto é algo nuançado, ambivalente, ambíguo, às vezes, quase invisível. Daí sua dificuldade cada vez maior num mundo cada vez mais infantilizado. Ser incorreto diante da censura correta é, dentro da boa educação doméstica, ter coragem de iluminar as sombras do mundo das quais falávamos acima. É saber que as pessoas, independentes das suas "causas", permanecem invejosas, assustadas, interesseiras, traiçoeiras, inseguras, principalmente quando vestem o manto da virtude. A virtude é sempre tímida, nunca política. É uma realidade moral, não uma ferramenta de poder, como tudo que é político.

Cada vez mais, com o passar do tempo, suspeito que os medievais eram infinitamente mais profundos do que nós, contemporâneos, apesar de que eles tinham, provavelmente, muito mais preconceitos do que nós (será?). Essa profundidade me parece associada ao olhar sobre o comportamento humano (eles diriam "natureza humana") sem a intenção de elogiá-lo ou torná-lo orgulhoso de si mesmo. Não havia uma gota sequer a serviço de um pensamento a favor da autoestima. Evidenciar as nuances, fraquezas, potências e frustrações do comportamento humano era um objeto supremo do pensamento medieval. Enfim, nada havia de marketing na idade média.

3. O marketing correto

Aqui tocamos "a fronteira final" atual do que podemos chamar de uma fenomenologia do mal que o politicamente correto nos faz. Como discuto num dos ensaios deste livro, as discussões em publicidade sempre foram muito ricas devido à pressão do "capital" dos clientes sobre a agência. Mas mesmo esse capital brinca de correto agora, para enganar os bobos e enriquecer os corretos. Com o passar dos anos, mesmos os publicitários se tornaram corretos e querem salvar o mundo. E como sempre, quando todos concordam com alguma coisa, como suspeitava o grande Nelson Rodrigues, estamos entre estúpidos ou mentirosos. O politicamente correto se tornou um paradigma da publicidade e do marketing. Talvez, uma anedota resuma de forma mais direta esse risco. Quando iniciei minha vida como colunista na *Folha de S.Paulo*, ouvi certa feita de um colega a seguinte anedota: jornalistas e publicitários, ambos vão para o inferno, mas os jornalistas não sabem. Pois bem. Isso mudou: agora os publicitários também não sabem. Logo, o politicamente correto é uma ferramenta da ignorância cognitiva e moral (a ideia de saber ou não que se vai para o inferno é tanto uma questão cognitiva quanto moral). E a filosofia é um combate à ignorância, logo, quando correta, ela é antifilosófica. Toda filosofia correta é uma mentira. Este pecado, pelo menos, eu não tenho. Tenho muitos outros, graças a Deus.

Luiz F. Pondé
São Paulo, setembro de 2019

Introdução à primeira edição: a confissão de um pecador irônico

Estou voando, na classe executiva – não suportaria estar numa classe econômica, um galinheiro de gente. Costumo dizer que os aeroportos e os aviões, além de todos os lugares do mundo, viraram um grande churrasco na laje. O futuro do mundo é ser brega. Isso é um fato, apesar de ser um pecado mortal afirmá-lo. Mas pecado contra o que mesmo, se é a mais pura verdade? Ainda não vou dizer "pecado contra o que", mas pode ver neste livro, caro leitor, desde já, a confissão de um pecador.

Este livro não é um livro de história da filosofia, mas um ensaio de filosofia do cotidiano, mais especificamente um ensaio de ironia filosófica que dialoga com a filosofia e sua história, movido por uma intenção específica: ser desagradável para um tipo específico de pessoa (que, espero, seja você ou alguém que você conhece), ou, talvez, para um tipo de comportamento (que, espero, seja o seu ou o de um amigo inteligentinho que você tem). Mas, afinal, que tipo de pessoa? Esse tipo que vive numa "bolha de consciência social" (nunca entendi bem o que vem a ser "consciência social") sendo politicamente correto, ao que, às vezes, me refiro neste ensaio como a "praga PC". Se você é uma delas, tenha em mim um fiel e devoto inimigo. Desejo sua extinção.

A ironia na filosofia é uma prima-irmã do ceticismo. Como o ceticismo, ela duvida, mas, diferente dele, tem "afeto" na sua dúvida – nesse sentido, é mais venenosa do que seu primo e cai sobre sua vítima de forma mais cruel: sua intenção é a desmoralização do opositor, quase uma humilhação com intenções filosóficas, isto é, ela, a ironia, visa demonstrar alguma verdade que o opositor esconde e que, ao vir à tona, o humilha. Para a ironia filosófica, a mentira que seu opositor esconde é sempre de ordem moral, um caso de hipocrisia a ser revelado. Portanto, o problema do conhecimento, a verdade do conhecimento, digamos, para a ironia, está sempre tingida da cor moral. Uma mentira moral é sempre uma hipocrisia.

Sendo assim, este livro é uma confissão de um pecador irônico.

E qual é essa mentira moral contra a qual peco ironicamente? O politicamente correto, que já direi o que vem a ser de forma mais precisa, mas tenha paciência.

Eu dizia que estou voando, na classe executiva. Volto da Islândia, um país maravilhoso. Antes de tudo porque ainda é vazio. Talvez dure um pouco antes de ser devorado pela breguice da indústria do turismo. Um amigo meu costuma dizer que, no futuro, gente culta e rica não viajará mais porque o mundo será como um grande bingo. Como a Islândia é "no fim do mundo", muito fria (no verão a temperatura varia entre 6 e 13 graus centígrados!), quase sem lojas e com muitos vulcões, talvez resista à praga da "revolução dos bichos".

Mas não pense mal de mim, caro leitor. No fundo, sou um pobre melancólico que acha a "felicidade" muito barulhenta e cheia de gente. Ironizo porque sofro. Diriam os psicanalistas que "minha filosofia" é uma formação reativa, ou, no melhor dos casos, uma forma primitiva de defesa infantil. Tenho medo do mundo, por isso, com a idade (hoje tenho 60 anos), tenho me tornado um homem sem muita curiosidade pelos outros, porque no fundo as pessoas são bem monótonas.

Ao chegar à Islândia, minha mulher me chamou atenção para uma propaganda colada nas paredes do aeroporto. Tratava-se do anúncio de uma grife de roupa islandesa chamada 66° North. Na foto, havia um homem com roupas para o inverno islandês, ao lado de um texto que dizia: "Respeite a natureza, mas não há garantias de que ela o respeitará de volta". Tomo esse "lema" islandês como inspiração para este ensaio. Aliás, também o tomo como início do meu diálogo específico com a baboseira verde (a "teoria gaia"), uma forma de romantismo para idiotas que tomou conta do mundo. Voltarei a ela mais tarde.

O politicamente correto e o general Patton
Contra a covardia

O general Patton, do Exército americano, foi um dos responsáveis diretos pela derrota dos nazistas, além de figura controversa e claramente anticomunista (não me interessam aqui suas controvérsias políticas). Nos anos 1970, foi lançado um filme com o ator George C. Scott representando o seu papel. Segundo o que nos conta o filme (aqui me interessa pouco se o filme é biograficamente preciso ou não), num dado momento, após uma dura batalha na Itália, o general visita a enfermaria onde soldados feridos estão internados.

Diante de um deles, que está muito mal, Patton se ajoelha e coloca uma medalha. Reza, visivelmente emocionado, e depois diz algumas palavras ao seu ouvido. O personagem do general é apresentado como alguém que habita o mundo da moral aristocrática guerreira da Antiguidade. Para ele, a enfermaria é um "lugar de honra", como ele mesmo diz nessa cena. Com isso, ele se refere ao fato óbvio de que soldados feridos na batalha são homens de honra por enfrentarem a morte com coragem.

Agora, vejamos. Na mesma cena, ao sair da enfermaria, Patton vê um soldado sentado sem nenhum ferimento aparente. Pergunta a ele o que se passou. O soldado, com a voz estremecida, responde que o problema eram "seus nervos". Patton fica estarrecido. Grita com o soldado, esbofeteia-o, ameaça puxar o revólver do gatilho e manda que o tirem dali porque "é um lugar de honra", e ele não queria ver seus homens corajosos e feridos maculados pela presença, ele usa esta expressão, "de um covarde".

Na sequência, o filme narra a "queda" de Patton, ainda que ele volte a comandar um exército americano após o Dia D, mas sem qualquer grande reconhecimento. E, para sua maior humilhação, ele passará a ser comandado por um colega que sempre fora seu segundo oficial. A queda de Patton se dá por conta do barulho que a mídia faz acerca dos "maus-tratos" que ele demonstrara ao soldado covarde (assumo aqui, claro, o ponto de vista de Patton).

O estardalhaço da mídia gera no exército a reação que levará Patton à desgraça. O filme, feito em plena era da Guerra do Vietnã, ecoa o sabido impacto negativo (do ponto de vista do Exército americano) que a mídia e a sociedade americanas tiveram sobre o desenrolar da Guerra do Vietnã. Ali nascia a praga PC.

O que esse fato do filme relata é o nascimento do politicamente correto. Patton foi politicamente incorreto ao chamar o soldado pelo "seu" nome, "covarde", porque o exército vê sua reação como "insensível" aos limites do soldado em questão e ruim para a "boa" imagem da instituição. A praga PC é uma mistura de covardia, informação falsa e preocupação com a imagem. Combina com uma época frouxa como a nossa.

No filme (nele testemunhamos os primeiros sinais do processo que culminaria no politicamente correto), vemos um dos melhores generais dos Estados Unidos prejudicado pelo fato de se mover dentro do espectro da ética da coragem, virtude guerreira máxima. Ser politicamente correto nesse caso é negar o valor da coragem em favor da "sensibilidade frágil" do soldado.

Do ponto de vista de Patton, a guerra e o exército são instituições que glorificam a humanidade fazendo brilhar seus homens mais corajosos. Punindo-o da forma como o exército e a mídia o puniram, estaríamos faltando ao respeito para com os homens que morrem porque não fogem do medo e da morte, como o "sensível" fugiu. Um exército de covardes, ou um exército que "desculpa" a covardia, seria um exército morto. O mesmo vale para a humanidade como um todo.

Claro que existe a sensibilidade humana também, mas, ao querer transformar coisas como essas em "políticas públicas", o politicamente correto destrói aquilo mesmo que quer valorizar. Esse é um de seus grandes pecados. A sensibilidade de um soldado só pode ser medida diante de sua coragem, e não sem ela. Homens sensíveis também morrem na guerra porque foram corajosos, logo, o que levou aquele soldado em questão à enfermaria não foi sua sensibilidade, mas sua covardia.

A ética aristocrática da coragem é marca das sociedades guerreiras. Muita gente hoje em dia considera essa posição retrógrada e "reacionária" porque ela não levaria em conta os limites do humano. Para Patton, e o que ele representa no filme, a ideia é falsa, porque na vida, vista como uma guerra contínua, a falta de coragem é sempre reconhecida pelos que não mentem ou não agem de má-fé (a guerra seria uma representação da vida, como nos mostra Tolstói em seu monumental *Guerra e paz*). Você não precisa estar num campo de batalha, onde brotam os corajosos e os covardes a olho nu, para saber que no cotidiano os covardes mentem mais, fogem das responsabilidades, traem seus amigos e colegas, usurpam glórias que não são suas, enfim, mesmo morta a sociedade guerreira da Antiguidade, permanece a consciência cristalina de que sabemos identificar a coragem quando ela se revela diante de nossos olhos. Por acaso você já viu um covarde? Talvez no espelho? Já teve vontade de ficar de joelhos diante de alguém que de fato não teme aquilo que a maioria teme (seja a morte, representação mais evidente da questão, seja a perda do emprego, o abandono, a tristeza)?

Uma das coisas que os politicamente corretos mais temem é a ética aristocrática da coragem levada para a vida cotidiana, porque ela desvela o que há de mais terrível no ser humano, a saber, que ele é o animal mais assustado e amedrontado do mundo. Para os politicamente corretos, o correto é mentir sobre isso, a fim de aliviar a agonia que temos porque sabemos que somos todos no fundo covardes e dispostos a colaborar com nazistas (ou seus similares) se para nós for melhor em termos de sobrevivência. Há uma profunda relação entre essa praga e a autoajuda, na medida em que ambas mentem sobre os verdadeiros problemas dos seres humanos e de nossa natureza sofrida e angustiada. Dizem eles que tudo isso é "culpa" do machismo, do capitalismo, do cristianismo, dos marcianos. Outra coisa que o politicamente correto detesta é a própria noção de aristocracia (que a filosofia, já em Platão, separou da noção de "aristocracia de sangue" para defini-la como "o governo dos mais virtuosos"), porque ela afirma que uns poucos são melhores do que a maioria dos homens. A sensibilidade democrática odeia esta verdade: os homens não são iguais, e os poucos melhores sempre carregaram a humanidade nas costas.

Voltaremos à questão da aristocracia mais tarde, porque ela é uma das melhores chaves para pensarmos o que seria uma filosofia politicamente incorreta. Mas, antes, vejamos o que é, afinal, o politicamente correto, essa praga contemporânea.

O politicamente correto é um "ramo" do pensamento de esquerda americano. Se pensarmos no contexto onde ele nasceu, veremos a ascensão social dos negros americanos no final dos anos 1960. Fenômeno semelhante aos gays a partir dos anos 1980. A semelhança apenas comprova a tese: assim como a ascensão social dos negros nos anos 1960, a ascensão social dos gays nos anos 1980 gerou o que podemos chamar de mal-estar com relação ao "mau" tratamento dado aos gays na vida social comum. Se você encontra negros (ou gays) no mesmo restaurante em que vai jantar, começa a ficar feio dizer piadas desagradáveis diante deles. Antes de tudo, trata-se de um problema de educação doméstica.

Mas, pelo fato de ter sido um fenômeno que entrou para a agenda da nova esquerda americana, a necessidade de melhores maneiras no convívio com os negros acabou por se transformar num "programa político de criação de uma nova consciência social" – mantras como esse me dão alergia. A diferença entre a velha esquerda e a nova esquerda é que, para a velha, a classe que salvaria o mundo seria o proletariado (os pobres), enquanto, para a nova, é todo tipo de grupos de "excluídos": mulheres, negros, gays, aborígines, índios, marcianos... E também outra diferença é o caráter revisionista. Isto é, nada de revolução violenta, nada de destruição do capitalismo, mas, sim, de acomodação do *status quo* econômico às demandas de inclusão dos grupos de excluídos. Claro que isso implica uma acomodação de duas mãos: o capitalismo aprenderia que pode também incluir em sua "festa" todas as raças e "sexos", c os excluídos aprenderiam que o capital é um excelente parceiro na luta pelos direitos. No caso dos gays, o processo é tão evidente quanto a luz do sol. Como os gays são um grupo de grande poder aquisitivo (gente sem filhos, boa formação profissional, alto consumo), fazer a ordem econômica aceitá-los foi muito fácil, muito mais fácil do que para os negros. Por isso, muitos chamam a revolução gay de revolução conservadora, porque tudo que eles querem é andar de mãos dadas no shopping e ir à reunião de pais e mestres na escola do filho. Mas todo mundo com Amex na mão.

O politicamente correto, assim, nesse momento, se caracterizará por ser um movimento que busca moldar comportamentos, hábitos, gestos e linguagem para gerar a inclusão social desses grupos e, por tabela, combater comportamentos, hábitos, gestos e linguagem que indiquem uma recusa dessa inclusão. Daí foi um salto para virar ações afirmativas, isto é, leis e políticas públicas que gerassem a realização do processo (cotas de negros, gays, índios nas universidades e nas empresas, por exemplo). Associado a isso, a universidade começou a produzir (sendo a universidade sempre de esquerda) teorias sobre como a ideologia (estamos falando de descendentes diretos de Marx) de ricos, brancos, homens heterossexuais, ocidentais, cristãos criaram mentiras para colocar as vítimas (os grupos de excluídos citados acima) como sendo menos inteligentes, capazes, honestos etc. O passo seguinte foi a criação de departamentos nas universidades dedicados à crítica da ideologia dos "poderosos".

Em que pese o fato de que preconceito de fato existe, e que num bom convívio devemos, sim, aceitar e respeitar, na medida do possível, as pessoas em suas diferenças e, portanto, não se trata de reduzir a crítica à praga PC ao "direito" de contar piadas contra negros, judeus e gays; só alguém de má-fé pensaria isso. O problema com o politicamente correto é que ele acabou por criar uma agenda de mentiras intelectuais (filosóficas, históricas, psicológicas, antropológicas etc.) a serviço do "bem", gerando censura e perseguições nas universidades e na mídia para aqueles que ousam pôr em dúvida suas mentiras "do bem". Grande parte do espírito que move este livro é criticar algumas dessas mentiras ou colocá-las sob o olhar da filosofia e de alguns filósofos.

Movidos pela ideia rousseauniana de que o mais fraco em poder político é por definição melhor moralmente, o exército do politicamente correto se transformou numa grande horda de violência na esfera intelectual nas últimas décadas, criando uma verdadeira "cosmologia" politicamente correta – por exemplo, dizendo que Deus é na verdade uma Deusa – a serviço da transformação do mundo, no mundo que eles têm na cabeça, muitas vezes inviabilizando qualquer possibilidade de pensar diferente.

Falta apenas um detalhe técnico. No início do século XX, filósofos americanos como John Dewey, William James e Charles Sanders Peirce, com diferenças entre eles, criaram uma escola de filosofia chamada pragmatismo (*pragma* em grego significa "ação"), que afirmava que a verdade de uma palavra é seu uso eficaz em termos de criação de fatos no mundo. Por exemplo, se eu começo a relacionar (devido à pressão das universidades e da mídia) a expressão "futuro negro" à ideia de que tenho preconceito contra negros (porque a ideologia dominante dos brancos coloca esse preconceito em mim, por isso uso "negro" nessa expressão como adjetivo de um futuro ruim), um dia deixarei de usar essa expressão porque terei assimilado a crítica ao preconceito embutida na condenação politicamente correta da expressão. Se eu chamo Deus de Deus é porque julgo que o homem (gênero) é mais parecido com Deus do que a mulher. Por isso que uma determinação política de "demonizar" uma expressão deverá salvar o mundo, porque "moldará" novas consciências críticas. A eficácia do politicamente correto estaria exatamente na criação do "novo" fato: a proibição do uso da expressão "futuro negro", seja por conta do mal-estar moral que ela deva causar em você, seja pela punição da lei (como no Canadá) quando se usam expressões como essa.

Vemos, assim, um contexto econômico, associado a uma teoria política e a uma teoria filosófica sobre a linguagem, criar um Leviatã. O politicamente correto hoje é muito amplo como fenômeno, mas sempre é autoritário na sua essência, porque supõe estar salvando o mundo. Nos demais ensaios, voltarei a definições do politicamente correto várias vezes em relação àquilo que cada um deles desvela como filosofia contrária a ele. A escolha dos temas de cada um dos ensaios seguiu apenas a intuição de que, através deles, podemos criticar filosoficamente essa praga contemporânea.

Aristocracia

*Os poucos melhores que
carregam o mundo nas costas
Alguns poucos homens são
melhores do que a maioria*

O termo aristocracia significa, *grosso modo*, governo dos virtuosos. Em grego antigo, *aretê* é virtude (força), *cracia* é governo. Mas o que significa ter *aretê*? Se entendermos a palavra no seu sentido mais pleno, *aristoi* é aquele que fica de pé por si mesmo porque tem força interior ou caráter.

Antes de tudo, a palavra significa que aristocrata é um membro do grupo dos melhores de uma cidade ou grupo social. O termo foi evidentemente usado para descrever sociedades hierarquizadas pelo nascimento ou herança de sangue familiar, ou pelo poder econômico ou patrimonial herdado. Mas a filosofia desde cedo criticou esse uso, apesar de também reconhecer que a linhagem de nascimento, assim como a de herança patrimonial, muitas vezes pode predispor alguém para ter mais virtudes pela "sorte" de ter nascido bem. Claro que você pode nascer pobre e melhorar, nascimento não é destino, mas é muito mais fácil dar certo na vida se você tiver sorte com a família e a classe social em que nasceu.

Já em Platão e Aristóteles a questão dos "melhores" aparece de modo claro. Na *República* a escola deveria selecionar os melhores para cuidar da cidade, e Aristóteles no seu livro *Ética a Nicômaco* fala da "grande alma" como o homem mais virtuoso e capaz, a partir do qual os outros vivem, como se a abundância de "força" desse homem alimentasse toda a comunidade. O que fica claro em ambos é a percepção de que alguns poucos capazes são sempre responsáveis pelo mundo. A função da educação é exatamente identificar nos alunos suas diferenças e colocá-las a serviço da sociedade. Os melhores lideram, os médios e medíocres seguem. Qualquer professor sabe disso numa sala de aula. Uma das maiores besteiras em educação é dizer que todos os alunos são iguais em capacidade de produzir e receber conhecimento.

A chamada ética das virtudes de Aristóteles pressupõe que a prática das virtudes é como tocar um instrumento musical: quanto mais se pratica, mais virtuoso se fica. A antipatia que esta forma de ética ganhou depois do século XVIII (ainda que haja uma tendência contemporânea em recuperá-la) se deve à recusa da sensibilidade democrática em reconhecer que nem todos são capazes de desenvolver um caráter forte. A maioria tende à covardia e à fraqueza. Desculpar a falta de força de caráter da maioria se transformou em fato comum numa certa filosofia "revolucionária" depois da "politização" da ética na esteira de Rousseau e Marx – ou da ideologização de tudo, como quando se culpa o capitalismo por tudo de mau no mundo. Basicamente, o mundo sempre foi mau e continuará a ser, porque ele é fruto do comportamento humano, que parece ter certos pressupostos naturais.

Para os defensores do politicamente correto, tudo é justificado dizendo que você é pobre, gay, negro, índio, ou seja, algumas das vítimas sociais do mundo contemporâneo. Não se trata de dizer que não há sofrimento na história de tais grupos, mas sim dos exageros do politicamente correto em querer fazer deles os proprietários do monopólio do sofrimento e da capacidade de salvar o mundo. O mundo não tem salvação.

O *aristoi* sofre muito mais do que o homem comum. É mais solitário, objeto de inveja e ódio, entende muito mais das coisas do que a maioria mediana, enfim, está muito longe da ideia de que os "melhores" são aproveitadores dos outros, pelo contrário, os outros vivem graças a estes (a "grande alma" do Aristóteles).

No Renascimento, outro filósofo, Maquiavel, volta ao tema da virtude, ainda que de modo diferente. Para o filósofo de Florença, alguns homens têm *virtú* (virtude) enquanto a maioria não. E o que é a *virtú*?

Virtú é uma qualidade do caráter de alguns homens que os faz mais fortes e capazes de resolver problemas e enfrentar as dificuldades colocadas pelo dia a dia. Maquiavel evidentemente pensa no líder político, mas podemos ampliar sua análise para além da política. A observação do comportamento humano e da experiência histórica parece mostrar que não é a maioria dos homens que tem *virtú*, a maioria é banal, como sempre. Por outro lado, o conceito de "fortuna" é o segundo termo importante do par essencial no pensamento maquiaveliano em seu famoso livro O *príncipe*, ao lado da *virtú*. Fortuna é acaso. Para Maquiavel, e muitos outros filósofos, a realidade é dominada pelo acaso, isto é, não há providência divina nenhuma gerindo os eventos da vida ou do mundo. Vale salientar que aqui discutimos apenas o Maquiavel de O *príncipe*.

O virtuoso enfrenta melhor a fortuna, observando inclusive que muita coisa que as pessoas comuns remetem aos deuses ou ao próprio acaso pode ser enfrentada pela observação, disciplina, ousadia e coragem. Maquiavel nos lembra que a fortuna é representada como uma mulher. Por isso, como toda mulher, ela demanda coragem, ousadia e impetuosidade no trato, e não, medo, timidez e covardia. A proximidade entre *virtú* e competência com a lida da vida é enorme. De qualquer forma, o domínio da fortuna é sempre determinante, mas o virtuoso pode ter mais sucesso nesse enfrentamento durante algum tempo. Outra coisa que o politicamente correto detesta numa posição como a maquiaveliana é seu desprezo por qualquer forma de idealização do ser humano. Para o filósofo de Florença, a natureza humana, talvez devido ao pavor diante dos efeitos avassaladores da fortuna, é sempre fraca, mentirosa, volúvel, infiel, interesseira. Em poucas palavras, sofre de agonia por precariedade. Não há, aparentemente, possibilidade para a ideia de um "cidadão consciente" que escapa desse determinismo causado pelo terror da fortuna. Todavia, um bom príncipe (leia-se, virtuoso) pode tirar o que há de melhor do homem, na medida em que dá a ele a possibilidade de uma vida menos dominada pela fortuna, pelo menos nos limites do convívio político e social. A ideia de uma aristocracia competente dando ao homem comum uma vida menos terrível é evidente no pensamento de Maquiavel.

Já no século xx, uma filósofa russa exilada nos Estados Unidos, Ayn Rand, nos deu a melhor descrição do que seria uma ética aristocrática das virtudes no mundo contemporâneo e burguês. Sua monumental obra de ficção *A revolta de Atlas* é uma distopia. Distopias são o contrário de utopias (que descrevem paraísos futuros), pois descrevem futuros políticos e sociais terríveis. As duas distopias mais famosas da literatura são *Admirável mundo novo*, de Aldous Huxley, e *1984*, de George Orwell. A distopia de Rand descreve um mundo dominado pela mentalidade socialista, coletivista e por isso mesmo preguiçosa. Na minha vida já tive a (infeliz) oportunidade de participar de várias reuniões na universidade – seja como aluno, seja como professor – nas quais estavam presentes muitas pessoas "preocupadas com o coletivo e a igualdade", e nunca vi tamanha concentração de pensamento a serviço de tanta estupidez e nulidade. Como já dizia no século XIX Tocqueville, autor do maior livro sobre democracia já escrito, *Democracia na América*, a igualdade ama a mediocridade. Rand acerta em cheio quando mostra uma sociedade que só fala no "bem comum" e na "igualdade entre as pessoas" contra as diferenças naturais de virtudes entre elas, estas a serviço do mau-caratismo, da preguiça e da nulidade. Ao buscar destruir as "injustiças sociais", o mundo descrito por Rand destrói a produtividade, fonte de toda a vida, paralisando o mundo.

Rand é conhecida por seu realismo objetivo em ética. Para ela, uma pessoa corajosa, trabalhadora, inteligente, ousada produz a sua volta relações humanas (sejam elas econômicas, políticas, existenciais) concretas que são úteis, abundantes, produtivas. Por exemplo, coragem produz no mundo ganhos materiais para todos. Preguiça e covardia produzem miséria, mesquinhez, mentira. Isso mesmo: força e coragem fazem as pessoas verdadeiras nas suas relações, enquanto a ausência de virtudes como essas as faz mentirosas e traiçoeiras. A distopia descrita por Rand é a melhor imagem do mundo dominado pelo politicamente correto: inveja, preguiça, mentira, pobreza, destruição do pensamento, tudo regado pelo falso amor pela humanidade. Atlas aqui representa todos os homens e mulheres que carregam e sempre carregaram o mundo nas costas e que nos últimos duzentos anos passaram a ser objeto de crítica pela esquerda rousseauniana. Alguns trechos do livro poderão fazer você ter náuseas se for uma pessoa que sofre na pele a mentira dos preguiçosos amantes da igualdade. Rand afirma que a maior parte da humanidade sempre viveu à custa de uma minoria mais capaz e mais inteligente.

Antes que algum leitor politicamente correto, com o mau caráter que o caracteriza, tente dizer que isso é "fascismo", peço que me poupe. Nada há de fascismo em Rand, apenas reconhecimento do óbvio: poucos carregam muitos. Isso nada tem a ver com ódio de raças, "destruição das vítimas" (pelo contrário, menos vítimas de pobreza existirão se existir mais gente produzindo riqueza) ou outros *croquettes* ideológicos. Uma das qualidades supremas de Rand é ter percebido ainda em meados do século XX que o mundo se preparava para desvalorizar os mesmos graças aos quais os outros vivem, sob o papinho da "justiça social". Se ela tivesse conhecido Obama, vomitaria.

A democracia, sua sensibilidade e seus idiotas
A mediocridade anda em bando, e a democracia ama os medíocres

A democracia é um regime que vive entre dois valores essenciais: liberdade e igualdade, segundo Tocqueville. E esse convívio não é fácil. Entre os dois, habita o que eu chamo de sensibilidade democrática, um conjunto de características que vão além do mero debate acerca das instituições democráticas, como poderes públicos, partidos, eleições, plebiscitos etc.

Não se trata de falar mal da democracia, ela é o regime político "menos ruim". Até onde os especialistas podem falar, precisamos viver em grupos para sobreviver, mas para isso fazemos concessões ao grupo em troca de alguma segurança. Nesse sentido, sou hobbesiano: o homem é o lobo do homem, e o estado de natureza (*grosso modo*, a maneira pré-político de vida, uma espécie de vida em bando do Neolítico) devia ser bem péssimo. Por isso, precisamos de organização e poder. Dentro desse quadro de ausência de opção de vida sem "Estado político", a democracia é o menos pior porque procura institucionalizar as tensões da vida em grupo, distribuindo "os poderes" de modo menos concentrado. A tentativa de definir a democracia como "regime de direitos" é ridícula porque não existem direitos sem deveres, por isso a ideia de que piolhos ou frangos tenham direitos começa a aparecer quando separamos direitos de sua contrapartida anterior, os deveres. A praga PC costuma fazer essa separação por motivos de marketing político e ignorância filosófica.

Mas, independentemente de a democracia ser nossa melhor opção, há problemas nela, claro. Como dizia Tocqueville, a democracia tem impactos específicos nos humores, temperamentos, hábitos e costumes. O que chamo de sensibilidade democrática é parte desses impactos.

Uma coisa que salta aos olhos é a tentativa de chamar qualquer um que critique a democracia de antidemocrático. A sensibilidade democrática é "dolorida", qualquer coisa ela grita. Mas não me engano com ela: esse "grito" nada mais é do que a tentativa de impedir críticas que reduzam a vocação também tirânica que a democracia tem como regime "do povo". O "povo" é sempre opressor, Rousseau e Marx são dois mentirosos. Mesmo na Bíblia, quando os profetas de Israel criticavam os poderosos, também criticavam o "povo", que nunca foi herói de nada. Aliás, o risco da tirania do "povo" já tinha sido apontado pelo próprio Tocqueville. As duas formas mais evidentes de tirania são a da maioria e a do dinheiro (criador de uma "aristocracia do dinheiro" em lugar da de sangue). Para evitar esse risco tirânico, precisamos cuidar dos mecanismos de "pesos e contrapesos" da democracia (suas instituições em conflito, mídia, instâncias de razão pública, como escolas, universidades, a própria mídia, tribunais etc.) e combater a tendência de reduzir a democracia a um regime da "vontade popular" ou um regime "do povo". O povo é sempre opressor. Quando aparece politicamente, é para quebrar coisas. O povo adere fácil e descaradamente (como aderiu nos séculos XIX e XX) a toda forma de totalitarismo. Se der comida, casa e hospital, o povo faz qualquer coisa que você pedir. Confiar no povo como regulador da democracia é confiar nos bons modos de um leão à mesa. Só mentirosos e ignorantes têm orgasmos políticos com o "povo".

Mas, voltando à liberdade *versus* igualdade, principal tensão na democracia: segundo Tocqueville, não há como evitar essa tensão porque ambas são valores de raiz da democracia. Quando você dá mais espaço para a liberdade, a tendência é que a democracia acentue as diferenças entre as pessoas e os grupos que nela vivem. Mas a liberdade é a chave da capacidade criativa e empreendedora do homem. Quando você acentua a igualdade, a democracia ganha em nivelamento e perde em criatividade e geração de abundância para as pessoas. O politicamente correto é um caso clássico de censura à liberdade de pensamento, por isso, sob ele, o pensamento público fica pobre e repetitivo, ou seja, medíocre e covarde. Quando se acentua a igualdade na democracia, amplia-se a mediocridade, porque os covardes temem a liberdade. Por exemplo, os regimes marxistas, assim como os fascistas de direita (os marxistas são os fascistas de esquerda), reduziram o pensamento e a vida das pessoas ao nível de um formigueiro. Mas a sensibilidade democrática sofre quando se aponta a relação entre culto da igualdade e mediocridade. Essa questão toca fundo na natureza humana, que tende facilmente à inércia, a fim de garantir o cotidiano. Algo na natureza humana ama a mediocridade.

Outra característica problemática da democracia é sua vocação tagarela, como dizia o conde de Tocqueville. Nela, as pessoas são estimuladas a ter opinião sobre tudo, e a afirmação de que todos os homens são iguais (quando a igualdade deve ser apenas perante um tribunal) leva as pessoas mais idiotas a assumir que são capazes de opinar sobre tudo. E, como dizia nosso conde, Descartes (filósofo francês do século XVII) nunca imaginou que alguém levasse tão a sério sua ideia de que o bom senso foi dado a todos os homens em "quantidades" iguais – o que evidentemente é uma mentira empírica. O resultado é que, se você põe em dúvida a capacidade igual entre os homens de ter opiniões, a sensibilidade democrática grita de agonia. Mesmo homens com diploma universitário de engenharia, por exemplo, se julgam capazes de pensamentos profundos sobre o mundo, revelando como a universidade, ao se tornar um fenômeno de massa (como dizia o filósofo espanhol Ortega y Gasset no século xx), criou a ilusão de "opiniões banais" com ares cultos. Uma coisa que nosso conde percebeu é que o homem da democracia, quando quer saber algo, pergunta para a pessoa do seu lado, e o que a maioria disser ele assume como verdade. Daí que, no lugar do conhecimento, a democracia criou a opinião pública.

Mas talvez a pior coisa da democracia seja o fato de ela ter dado aos idiotas a consciência de seu poder numérico, como dizia o sábio Nelson Rodrigues. Em suas colunas de jornais, o Nelson costumava dizer que os idiotas, maioria absoluta da humanidade, antes do advento da Revolução Francesa, viviam suas vidas comendo, reproduzindo e babando na gravata. Com a Revolução Francesa e a democracia (que a primeira não criou exatamente porque foi muito mais um regime de terror autoritário), os idiotas perceberam que são em maior número, e de lá para cá todo mundo passou a ter de agradá-los, a fim de ter a possibilidade de existir (principalmente intelectualmente). O nome disso é marketing. Todo mundo que pensa um pouco vive com medo da força democrática (numérica) dos idiotas. O politicamente correto é uma das faces iradas desses idiotas.

O filósofo inglês Michael Oakeshott escreveu vários textos criticando as utopias políticas criadas a partir do século xv. Um deles, em especial, "O nascimento do homem-massa na democracia representativa", dialoga com a intuição rodriguiana. Para ambos, a democracia sempre dá a vitória aos idiotas porque são a massa.

Oakeshott descreve o nascimento, ainda no Renascimento, de uma "moda" intelectual segundo a qual todos os homens seriam capazes de ser indivíduos. O nascimento da noção de indivíduo no Renascimento italiano já tinha sido apontado pelo historiador suíço do Renascimento Jacob Burckhardt no século XIX. O autor suíço chegou mesmo a descrever em sua obra o fato de muitos burgueses pagarem a escritores em condições financeiras ruins para escrever sobre suas vidas, enaltecendo seus "feitos". Nas palavras de Burckhardt, a intenção era criar a noção do que hoje chamamos de "ter uma personalidade própria e especial". Claro que há uma relação importante entre o nascimento da noção de indivíduo e o surgimento da burguesia, a classe que define seu próprio destino pela competência de cada um, e não pela mera herança de sangue. Com a ruína da sociedade rural feudal, quase imóvel, os burgueses criam o valor da individualidade competente e responsável por si mesma, uma espécie de caso histórico do homem "criador de seus próprios valores", como na utopia nietzschiana do super-homem. Entretanto, quase todos fracassam na empreitada, porque o mundo é sempre hostil à individualidade, que é fonte de valor para si mesma.

O argumento de Oakeshott é que quase ninguém é indivíduo de fato (isto é, quase ninguém tem uma personalidade autônoma e ativa, e dói ter uma personalidade assim), por isso, a regra é repetir o que a maioria faz, mentindo-se sobre o fracasso da individualidade verdadeira. Ao contrário de Kant, no século XVIII, que sonhava com uma sociedade de homens cada vez mais maduros (a maioridade kantiana é igual à capacidade de tomar decisões por si só, ou seja, autonomia), Oakeshott suspeitava que tomar decisões por si mesmo era a maldição de poucos. O politicamente correto adora dizer que a democracia é feita de cidadãos conscientes e que todos são capazes de tomar decisões autônomas, numa espécie de kantismo barato. Para Oakeshott, ser um indivíduo implica solidão e inseguranças que a maioria das pessoas simplesmente não suporta e, por isso, desiste. Mas, como a democracia faz a propaganda da autonomia do indivíduo como lastro dela mesma, acaba sendo hábito mentirmos sobre o fracasso da autonomia em escala "política". Mas, se parasse por aí, menos mal. Oakeshott dirá que todos os indivíduos fracassados odiarão os verdadeiros indivíduos, caçando-os pelo mundo porque eles resistem à massificação necessária para a operação da democracia moderna. Ao contrário do que se diz, a democracia não opera pela autonomia, mas pela massificação crescente das opiniões, como já dissera Tocqueville. Aquele indivíduo fracassado (indivíduo *manqué*) rapidamente se transformará em anti-indivíduo e "homem-massa", comprando modelos de personalidade que a mídia vende e seguindo líderes autoritários ou populistas que afirmarão a autonomia para todos – como se a autonomia fosse uma espécie de bolsa-família para toda a população. O indivíduo verdadeiro sofre a perseguição mais descarada, porque ele, sim, vive a dureza de ter uma personalidade ativa e por isso mesmo acaba sendo um cético com relação às promessas de autonomia para as massas. No fundo, o indivíduo fracassado e o homem-massa invejam a liberdade do indivíduo verdadeiro porque ela lhes parece um luxo. Na realidade, são primitivos demais para entender a maldição que é ser indivíduo e a dor que é ser livre sem pertença a bandos.

O encontro de Tocqueville, Nelson Rodrigues e Oakeshott é evidente: o idiota raivoso fala sempre com força de bando, e na democracia de massa em que vivemos ele, sim, tem o poder absoluto de destruir todos os que não se submetem a sua regra de estupidez bem adaptada.

O outro
Só o outro insuportável importa

Está na moda dizer que o "outro" é lindo. Mentira. Quando o "outro" não cria problema, não há nenhum valor ético supremo em tolerá-lo. E, quando cria, quase sempre ninguém o tolera.

Veja, por exemplo, os eventos para diálogo inter-religioso. A discussão não pode durar mais do que meia hora, e logo deverão servir os *drinks* e os *croquettes*, porque mais do que meia hora implicaria começar a falar a sério sobre as diferenças entre as religiões (as religiões não querem todas a mesma coisa, isso é conversa "de mulherzinha"). Imagine cristãos e judeus conversando sobre suas religiões. Cristãos assumem que Jesus foi o Messias que os judeus esperavam (e também que Ele é Deus) e, portanto, os judeus teriam perdido o bonde da história ao não reconhecer Jesus como Messias. Por sua vez, os judeus pensam que os cristãos pegaram o bonde errado ao assumir que Jesus foi o Messias. Logo, conflito. Melhor tomar *drinks* e comer *croquettes*.

Muçulmanos são lindos, índios são lindos, a África é linda, canibais são lindos, imigrantes ilegais são lindos, enfim, todos os "outros" são lindos. Uma das áreas mais amadas pela praga do politicamente correto é a chamada "ética do outro", ou seja, uma obrigação de acharmos que o "outro" é sempre legal. "Outro" aqui significa quase sempre outras culturas ou algo oposto à Igreja, Deus, heterossexual, capitalismo ou arrumar o quarto e lavar o banheiro todo dia.

Evidente que conviver com o diferente é essencial numa sociedade como a nossa, assolada pelos movimentos geográficos humanos, mas, daí a dizer que todo outro é lindo, é falso e, como sempre acontece com o politicamente correto, desvaloriza o próprio drama da convivência com o outro.

Existem dois filósofos muito ligados a esta causa da "ética da alteridade" (o que não quer dizer que eles carregam em si a praga do politicamente correto), nome técnico para o *frisson* do amor a todos os outros. Um deles é Martin Buber, e o outro, Emmanuel Levinas, ambos do século XX e ambos judeus. Buber afirmava que as relações não devem ser pautadas pelo binômio "eu-isso", mas "eu-tu". Tanto faz se o "outro" for uma pessoa, um animal ou a natureza. A ideia é em si muito boa como elevação do padrão ético nas relações no mundo, claro que às vezes é impossível, porque o mundo funciona na lógica das trocas de interesses e de possibilidades de interesses, e a natureza humana está mais para o príncipe do Maquiavel do que para o Pequeno Príncipe. Já Levinas, mais recente, afirmava que o "rosto do outro", uma espécie de fórmula para falar de qualquer outro e todos os outros, deve pautar as relações humanas, o que é muito próximo, resumindo a ópera, da posição de Buber. Para Levinas, não devemos querer saber o que as pessoas são ou para que elas servem, mas, sim, que são pessoas, e esse tipo de relação é o modo de "Deus operar", porque Deus é o "rosto do outro".

Filosofias como essas sustentam o direito da existência do "outro" no plano das relações humanas e acabam por ser banalizadas no papinho de que o outro é sempre legal e bonitinho (por isso alguns filósofos profissionais consideram Levinas "filósofo de mulherzinha"). Esse é um problema que acomete tais ideias abstratas e universais: a realidade é sempre menor ou maior do que ideias e, por isso, nunca é igual às ideias. Grande parte da crítica que fazem filósofos como Nietzsche (século XIX) e Platão é sobre essa tendência a descrever mal o mundo porque o fazemos desde um ponto de vista "ideal" e não real. O problema da idealização do outro em nosso mundo contemporâneo é pior porque somos saturados de outros (pessoas que vivem e pensam de modo estranho e quase sempre desagradável para nós) em toda parte: nos condomínios, no metrô, no ônibus, no trânsito, no cinema, no aeroporto. Quando os outros estão longe, do outro lado do oceano, é bonitinho amar todos os outros, mas, quando eles têm cheiro e hábitos outros, a coisa complica. A crítica à bobagem de o outro ser lindo não implica a defesa da destruição do outro, mas encararmos os impasses que a convivência com o outro gera para a filosofia e para a vida. O pecado capital da praga PC é sempre dourar a pílula, no mínimo.

Em sociedades promíscuas culturalmente, como as do capitalismo avançado, em que pessoas se misturam no metrô e nas lojas, o outro está sempre ao seu lado e, às vezes, na hora do *rush*, pisando no seu pé ou tomando seu lugar no ônibus ou a vaga no estacionamento. Mas pode ficar pior. Vejamos.

Muitas pessoas gostam de dizer que as diferenças culturais são lindas, mas isso nem sempre é verdade. E que dá para viver sempre em paz. Eu gostaria que isso fosse verdade.

Imagine que você mora em Londres, cidade saturada de "outros". Imagine que você seja uma pessoa legal e sem preconceitos. De boa vontade, inclusive. Agora imagine que você tem uma filha educada nos padrões básicos ocidentais de um cristianismo relaxado e secularizado, isto é, sem muitos salamaleques religiosos, e que você seja um crente na ordem pública pautada pela liberdade de crença ou descrença. Sua filha, então, começa a namorar um muçulmano... Não precisa ser um radical extremista... Como seria?

Não precisa imaginar questões muito complicadas sobre escolha entre Jesus e Maomé, pense apenas na educação dos netos, nos papéis masculinos e femininos, na vida profissional da sua filha, na relação com os "ancestrais", nos calendários religiosos...

Não sou contra casamentos interculturais, falo apenas da falsa facilidade com a qual se levam discussões como essas. Transtornos culturais se resolvem mais facilmente quando as pessoas envolvidas não dão muita bola para rituais e crenças específicas e aceitam a pasteurização contemporânea dessas crenças. No limite, a dissolução de qualquer grande pertença cultural ou identidade cultural marcante. Se tomar como identidade cultural esse jeito *blasé* de ser dos ocidentais secularizados, você poderá ter algum conflito, mesmo que não seja um crente em sistemas religiosos de fato, se tiver que dividir o futuro dos seus filhos e netos. Se for um crente no "respeito ao outro", como acho que devemos ser na realidade, você provavelmente descobrirá que a maioria esmagadora desses "outros" de que o politicamente correto fala não dá muito valor a respeitar "outro" algum. Esse problema é típico da cultura ocidental e de sua herança cristã e iluminista. A maior parte do islamismo não está nem aí para esse papinho de "respeito ao outro".

A marca infantil, na melhor das hipóteses, do politicamente correto revela, mais uma vez, sua alma inconsistente.

Vejamos o problema da África. Um antídoto excelente é ler V. S. Naipaul. A África que brota dos relatos de suas viagens é a infeliz condição neolítica do continente, mesmo antes da devastação realizada pela colonização europeia. Massacres, escravidão (os africanos já escravizavam seus "irmãos" antes dos brancos e mais tarde os venderam aos árabes, que os venderam aos brancos), queimar e mutilar pessoas vivas, bruxaria como "ferramenta oficial e de negócios" da vida (na Nigéria, segundo o que ele relata, um homem pode perder o patrimônio se for acusado de fazer um "trabalho" contra alguém que tenha poder suficiente para "provar" a queixa). Em Uganda, sacrifícios de crianças são quase tão comuns quanto a fome, sempre foi. No Gabão, vive-se no Neolítico. Enfim, todo mundo sabe disso, mas a mentira politicamente correta nega.

E os muçulmanos? O tema do fundamentalismo islâmico é uma constante no mal-estar contemporâneo das relações entre diferentes culturas. Independentemente do fato que pessoas não são iguais e que evidentemente a maioria dos muçulmanos vive sua vida comum e cotidiana distante de intenções terroristas ou fundamentalistas (ainda que a modernização seja muito menor no mundo islâmico e, portanto, um muçulmano "médio" tende a ser bem "mais" muçulmano do que um ocidental cristão "médio" é cristão), há uma relação histórica recente entre fenômenos políticos violentos e alguns integrantes da comunidade muçulmana internacional. A tentativa de chamar o islamismo de *"religion of peace"* é ridícula, uma vez que há elementos evidentes de risco de contaminação de muitos muçulmanos por grupos radicais da mesma religião. É óbvio que a religião em si não basta para fazer alguém violento, mas como "separar" a cultura desses violentos do ambiente religioso em que vivem? Claro que todas as religiões conhecidas já tiveram ou têm elementos de violência em sua história, mas, contemporaneamente, o islamismo tem, infelizmente, suprido a cota de terrorismo de modo mais frequente. Achar que podemos transformar terroristas muçulmanos em membros do Partido Democrata americano, como pensa o ex-presidente dos Estados Unidos e de origem muçulmana,

Barack Hussein Obama, é uma piada. Basta se perguntar como, por exemplo, eles aceitariam o casamento gay em seus países.

Outro fator importante é a relação entre a religião muçulmana e o Estado nesses países. Em muitos deles, você não poderia pregar a conversão de um muçulmano ao cristianismo porque é crime, e o convertido seria considerado traidor. Negar fatos como esses só dificulta a reflexão e a informação das pessoas com relação aos problemas contemporâneos.

Como disse acima, é sempre bonitinho falar do "outro" quando ele só existe em minha cabeça. Proporia uma estadia de alguns anos entre radicais islâmicos para esses caras que acham que os radicais querem se sentar e conversar "civilizadamente". Inclusive as mulheres que ficam por aí, posando de amantes do governo iraniano.

Se pensarmos no que diz Edmund Burke (século XVIII) sobre preconceitos, veremos que esses são mecanismos espontâneos de reação moral. Nesse sentido, é muito difícil vencer preconceitos. Principalmente quando se trata de pessoas que creem que sua religião deve reger o mundo e que quem não crê nela é infiel e deve morrer.

Romantismo e a natureza
Romantismo para idiotas

O movimento romântico europeu, cujo epicentro se deu entre o final do século XVIII e o final do século XIX, está intimamente ligado ao tema do "outro", mas o ultrapassa em densidade e importância filosófica. Essa relação se dá por conta do medo que o romântico tinha do futuro do mundo e da sociedade do dinheiro, e por isso muita gente sonhava que os índios, que vivem na Idade da Pedra, seriam melhores do que nós, ocidentais (porque não viviam na ganância em que nós vivemos). Quando você começa a pensar que tribos que não conheciam a roda até ontem, como alguns índios brasileiros e alguns povos africanos, podem ser nossa esperança, poderá acordar sendo um romântico idiota. Mas o que o politicamente correto tem a ver com esse romântico idiota? Vejamos.

O filme *Avatar* é um exemplo ideal para entendermos o que é um romantismo para idiotas. No filme, a humanidade interesseira está destruindo uma civilização de índios azuis, os Naavis, que vivem num planeta cujo solo tem riquezas minerais. Ao final, alguns humanos unidos aos índios azuis salvam a "deusa natureza" do planeta, expulsam os malvados humanos (representantes da usura moderna) e voltam a viver em contato com a natureza.

Cenas como as que mostram conversas com árvores, bestas-feras que se unem aos bons índios azuis contra os capitalistas malvados ou os índios azuis de mãos dadas cantando sons mágicos ao redor de árvores emocionaram milhares de idiotas pelo mundo. Todo mundo sabe que quase ninguém está disposto a viver como os índios, mas é comum gente boba achá-los "superavançados" com suas técnicas médicas do Neolítico. Abraçar árvores não resolve nada, muito menos supor que poderíamos voltar a viver em sociedades pré-escrita ou pré-roda. A menos que mais da metade da população mundial morresse, esses delírios não servem para nada.

Daí que o justo medo da modernidade e do mundo do dinheiro pode fazer de você um retardado, como todo medo faz: corremos o risco de ficar em pânico e infantilizados. Mas o que caracteriza o retardamento mental abençoado pelo politicamente correto é crer que voltarmos ao Neolítico nos salvaria das contradições do desenvolvimento da técnica, fruto de nossos próprios esforços para superar nossos sofrimentos. Para a praga PC, dizer que índios são populações próximas ao Neolítico é um pecado capital, ainda que a maioria desses crentes apenas finja amor por eles.

A relação entre o politicamente correto e a natureza é revelada nesse filme *Avatar* para além apenas do tema do "outro perfeito". A relação é revelada também na sua face religiosa neopagã. A ideia de que a natureza seja perfeita é religiosa e primitiva. Nossos ancestrais facilmente cultuavam a natureza porque ela os fazia sentir pequenos, dependentes e protegidos e/ou destruídos por ela. Qualquer relação adulta com a natureza implica saber que ela gera e destrói e, nesse sentido, nossos ancestrais eram mais adultos do que os retardados contemporâneos, pois cultuavam a natureza não porque viam nela uma pureza santinha, mas porque enxergavam o poder dos deuses ancestrais: beleza e crueldade. Os idiotas românticos de hoje em dia esquecem que câncer é tão natural quanto os passarinhos e pensam que a natureza seja apenas os passarinhos.

Esse tipo de comportamento avança sobre crenças ligadas à saúde e à nutrição, fazendo com que um dia, quem sabe, seja politicamente incorreto comermos animais. Isso não está distante da posição de filósofos como Peter Singer e sua crítica ao especismo, termo cunhado para revelar nossos "preconceitos" contra os animais (assim como contra os negros), porque não os reconhecemos como "pessoas com direitos". Talvez este seja um dos tipos do politicamente correto mais "de ponta": comer animal será um dia proibido por lei se depender desses seguidores de Peter Singer. Claro que não devemos maltratar seres por simples gosto (a menos que você seja menino, more no mato e não tenha muito o que fazer...), mas, se fôssemos como esses caras do *"animal liberation"*, não teríamos sobrevivido à seleção natural. E mais: a ciência muito avança graças a testes com animais. Será que esses caras estão dispostos a morrer de câncer mesmo que tenham a possibilidade de usar novas drogas? Dirão que sim, mas são mentirosos.

O que se revela aqui é o eterno caráter retardado mental (quando não mau caráter apenas) que o politicamente correto aplica a este tema da natureza e dos animais: a crueldade é parte dos esquemas de sobrevivência dos seres vivos, e não adianta projetarmos uma visão de pureza moral de nós mesmos, porque o mundo pararia de existir. O que suspeito fortemente é que esses caras apenas desejam passar a imagem de bonzinhos porque não gostam de comer carne.

Salta aos olhos que muita gente se faz de bonzinho em cima do discurso politicamente correto tipo *"save the whales"*. Parece-me difícil sobreviver se quisermos salvar tudo o que vive sobre o planeta. E o que mais espanta é que justamente a tal da natureza é a primeira a ser cruel, e eles parecem não ver isso. Basta ver o canal Discovery para perceber que não existe a natureza politicamente correta, ela é o oposto dessa praga.

Sexualidade, mulheres e homens
Mulher gosta de dinheiro

Esse tema é um dos preferidos pela praga politicamente correta. Para eles, nem temos sexo, mas gênero. O que é gênero, nesse caso? A teoria de gênero afirma que nossa sexualidade é socialmente construída. Nada há nela de biológica. Assim sendo, as sociedades constroem os gêneros (leia-se, os sexos) na dependência do poder das classes sociais ou dos grupos malvados da vez. Claro, ao final, quem paga o pato é sempre o homem heterossexual.

Essa discussão incide diretamente sobre questões caras ao politicamente correto, desde as mais gerais até as mais específicas, como o patriarcalismo, para algumas feministas o culpado pela poluição e pelos erros do Big Bang cósmico, ou o fato de que mulheres têm normalmente pressão arterial mais baixa "devido à opressão patriarcal", e não a dados fisiológicos bem conhecidos. Mesmo a gravidez deve ser "culpa" do patriarcalismo. Aqui vale contar um fato real ocorrido comigo.

Certa feita, sentado ao lado de uma amiga um tanto feminista (infelizmente, porque ela até é bonitinha, e feministas, normalmente, são azedas porque são feias) antes de um debate do qual participaríamos, vi com meus próprios olhos quão absurdo pode ser o mau-caratismo do politicamente correto (no caso específico da sexualidade e das diferenças entre mulheres e homens).

Minutos antes de o debate começar, ainda sentados na plateia, ela se sente mal. Mãos frias, tontura, mal-estar. Digo a ela que vá ao ambulatório da instituição porque deve ser pressão baixa, fato comum nas mulheres (que têm pressão em média mais baixa do que os homens segundo todas as pesquisas médicas conhecidas). Ela vai. Minutos depois volta se sentindo melhor, dizendo que era mesmo pressão baixa e que depois de uns minutos deitada e uma pequena medicação melhorou.

Ao iniciar o debate, diz ao público como sou machista porque supus que ela, ao se sentir mal, e por ser mulher, deveria estar com pressão baixa. Independentemente do fato de eu ter acertado o diagnóstico (os sintomas eram de pressão baixa), e de que a pressão mais baixa das mulheres é uma constatação científica (decorre de sua menor massa e metabolismo), ela insistia que tudo isso era mero machismo e ideologia patriarcal. Resultado: as diferenças fisiológicas são também fruto das construções sociais para as fanáticas da teoria de gênero.

Esse fato é em si um diagnóstico: como o politicamente correto afeta mesmo pessoas inteligentes (e bonitas).

O que está pressuposto por trás da hipótese da minha amiga afetada por essa praga? Que eu sou machista, que a medicina é machista, que os medidores de pressão arterial são machistas, que os ambulatórios são machistas, enfim, que o átomo é machista. A construção social se faz assim: nem a fisiologia é biológica, mas social e política. Dá sono, não?

Para esses fanáticos, homens e mulheres não existem da mesma forma que cães e gatos, mas são projetos ideológicos. Todas as diferenças de temperamento, comportamento, expectativas e mesmo biológicas são fruto do patriarcalismo.

Um bom antídoto contra o politicamente correto nesse campo é o darwinismo. Mas, antes, uma breve explicação de como o darwinismo funciona.

O mecanismo de seleção natural não pressupõe qualquer inteligência operando acima da matéria e seus elementos. Não me interessa aqui a discussão do darwinismo com o criacionismo, portanto, não vou entrar em reflexões cosmológicas ou (a) teológicas acerca da origem do universo. Meu interesse recai apenas sobre o que o darwinismo nos relata a respeito da psicologia evolucionista, ou seja, o mecanismo de seleção natural atuante no âmbito do comportamento humano.

A seleção natural opera a partir de dois conceitos básicos: acaso e acúmulo de design cego. O acaso diz que o meio ambiente é acaso, e a mutação do DNA também. A rigor, no darwinismo contemporâneo, o que passa por seleção é o DNA ou material genético. Mutações ao acaso ocorrem nesse material e são selecionadas pelos efeitos do meio ambiente. As mais adaptadas sobrevivem e levam à prole, via reprodução, seu sucesso adaptativo. O verbo em inglês é *to fit*. Por sua vez, o acúmulo de design cego é o processo através do qual (a evolução propriamente dita) um conjunto específico de material genético vai sendo selecionado, e aquilo que dele for eliminado jamais voltará ao "mercado da seleção natural", portanto, ao longo do tempo, um conjunto específico de genes permanece desenhando (*designing*) uma espécie mais bem adaptada. Por exemplo, sendo o Neandertal extinto, você não pode ter um filho Neandertal. A história da seleção natural não anda para trás, daí a evolução. Ao longo do tempo, a sensação é de uma "relação" invisível entre o material genético adaptado e as demandas do meio ambiente na história da seleção daquela espécie, daí a impressão de que há um design (projeto), mas ele é cego (ninguém está "olhando e organizando" o processo).

No caso de comportamentos, apenas temos que adicionar a hipótese de que um comportamento (ou um conjunto de comportamentos e regras de comportamento) é determinado por uma composição genética bem-sucedida, por isso reproduzida nos descendentes. O exemplo clássico é o que chamamos de moral: a moral como um todo se revelou como um sucesso adaptativo, porque todos os grupos humanos a têm (mesmo que com variação de "valores"), e ela regra e acomoda as tensões dentro do grupo humano. Quando falamos em moral aqui, falamos em hábitos mesmo inconscientes (a psicologia evolucionista trabalha com a noção de um inconsciente biológico selecionado ao longo do tempo determinando a consciência) que foram bem-sucedidos e por isso passaram para a frente, até chegarem a nós.

Assim sendo, segundo o darwinismo, homens e mulheres têm características diferentes, herdadas pela seleção natural, as quais não são passíveis de construção ou desconstrução social, como querem as chatas feministas, porque são frutos do inconsciente "genético" herdado. Mesmo que você dê uma boneca para meninos pequenos e os vista com roupa identificada como de meninas, isso não garantirá uma "menina feliz consigo mesma".

Por exemplo, por que dizer para um homem que o filho é a cara dele conta muito enquanto para a mulher nada acrescenta de essencial na sua relação com a criança? Por uma razão muito simples: a mulher não tem insegurança com relação à prole, mas o homem tem, porque ele nunca tem certeza de que o filho seja seu e, se não se cuidar, pode acabar cuidando do filho do vizinho. E a capacidade de uma mulher de 100 mil anos atrás de ter um homem com ela era fator determinante para a sua sobrevivência, principalmente quando grávida, por isso a importância de se mostrar fiel a ele. Era assim na caverna e ainda o é hoje – mesmo mulheres "independentes" se sentem mal quando são mães solteiras e sozinhas, mesmo que as chatinhas digam o contrário. A confiança na mulher é chave essencial da relação de investimento na paternidade em família. Os homens foram selecionados assim porque os ciumentos foram os que tiveram sucesso em garantir sua sucessão. Os desencanados são desencanados porque simplesmente não estavam nem estão interessados nela ou na prole deles. Mesmo hoje em dia, se você for pedir a sua mulher para fazer um exame de DNA, o casamento acabará por conta desse pedido – e você será mesmo um idiota em fazê-lo. Dizer para uma mulher que o filho é a cara dela nada acrescenta em sua plena segurança quanto à maternidade. Dizer para um homem que o filho é a cara dele significa que ele não cria filhos que não são seus e que sua mulher é fiel – portanto ela fica bem na fita. Homens e mulheres não agem assim "porque querem", mas porque os que agem assim foram bem-sucedidos na manutenção da sua descendência, que está aqui até hoje. Isso é a moral: homem que ama investe e é inseguro, por isso precisa de sinais de fidelidade da mulher. Mulher que quer ser amada e se sentir segura se comporta de modo a ser vista como fiel, se ela quer o que as americanas chamam de *keepers* (guardiães ou bons partidos). A possibilidade de desenvolver amor pela parceira e pela sua cria foi um ganho adaptativo, porque o macho pode assim ter família (somos um animal gregário porque nossa cria "custa caro", principalmente num meio ambiente onde podia ser comida toda hora por predadores), e a mulher pode assim ser menos vítima de predadores em função da gravidez e do risco de morte no parto. O número de fêmeas ancestrais que morriam sozinhas muito jovens devido ao parto é dado conhecido pela paleontologia. Ossos "solitários" são encontrados, revelando a morte da jovem mãe e de seu bebê, cercados pela solidão e por predadores.

Sendo assim, como Shakespeare já suspeitava em sua peça *Otelo* (o grande mouro que destrói sua vida por duvidar de sua amada Desdêmona, como todo homem apaixonado), quanto mais um homem ama (investe afetivamente em) uma mulher, mais ele fica inseguro e ciumento. Se seu namorado estimula você a viajar sozinha, ele provavelmente a está rifando. E a mulher e o "bando" não podem abrir mão do macho investidor (aqui essa palavra não significa meramente "dinheiro"), porque o meio ambiente no qual evoluímos sempre foi extremamente perigoso. Por isso mesmo, uma fêmea até hoje não suporta machos fracos, medrosos e "pobres".

O grande problema da fêmea da espécie humana já há mais de dezenas de milhares de anos é como sobreviver à gravidez e à lidar com a prole. Passar sozinha por ambas as coisas sempre foi má ideia, tanto fisiológica quanto psicologicamente. A gravidez é cara fisiologicamente para a fêmea (logo, o sexo também), e não para o macho. Tirar o macho do exílio meramente animal para a humanização (fazê-lo "amar", e não apenas "transar") foi um enorme ganho adaptativo da espécie. Mas machos frouxos e pobres não servem para *keepers*. Logo, "mulher gosta de dinheiro".

O politicamente correto parece ser anticientífico. Porém, mais do que isso, ele faz mal para homens e mulheres porque atrapalha milhares de anos de seleção natural de comportamentos nos quais homens e mulheres se reconhecem. A pressão pela "crítica ao macho" contamina as relações porque, apesar de se falar muito hoje em dia sobre homens serem mais sensíveis do que outrora, as mulheres (que não suportam fracos) só aguentam a sensibilidade masculina até a página três. Passou daí, elas se enchem. A superação da praga do politicamente correto é necessária em todos os campos do pensamento, mas nesse, talvez, mais do que em todos os outros, porque, sendo a vida sexual e afetiva uma das chaves do convívio humano, e sendo ela acima de tudo uma "carga" sobre as costas dos heterossexuais, embaralhar, falsamente, os "papéis" masculinos e femininos é péssimo para a vida cotidiana. Isso nada tem a ver com "negar" a vida profissional das mulheres, mas com lembrarmos que mulheres são mulheres, e homens são homens, pouco importando o que as azedas queiram dizer. Claro que a sociedade impacta a sexualidade e seus modos de ação, mas dizer que não há nada no homem e na mulher (ou na maioria esmagadora deles) que tenha a ver com sua herança biológica é como negar a lei da gravidade dizendo que os corpos caem apenas porque a ideologia opressora persegue os corpos de menor massa.

Para terminar, um detalhe. Lembraria à leitora que não adianta ficar nervosa porque os homens não erotizam a inteligência das mulheres, enquanto as mulheres erotizam a inteligência dos homens. Fácil de entender: inteligência no homem é como dinheiro, uma forma de potência. O homem apenas precisa da beleza da mulher e, se a amar, da sua fidelidade. Isso não precisa ser motivo de briga – na humanidade, tem lugar para quase todo mundo.

Uma das coisas que ganhamos quando vemos as coisas sob o ponto de vista darwiniano ou pré-histórico é uma sensibilidade maior para refletir se os hábitos passados não teriam, afinal, algum sentido.

A beleza e a inveja
O mundo respira melhor quando tem mulher bonita por perto

As feias odeiam as bonitas (os feios e pobres também porque não conseguem pegá-las). Não, não estou sendo cínico. A beleza não é um ponto isolado no espaço, mas um gradiente e um conjunto de características físicas associadas a traços "invisíveis" da alma. Beleza atrai inveja, e, nas mulheres, beleza é sempre fundamental. Sendo assim, pode uma mulher usar sua beleza como forma de sobrevivência ou ela deve buscar ser feia porque a maioria é e, assim, ela estaria sendo politicamente correta?

A mulher sempre usou sua beleza, provavelmente desde a caverna. E por razões óbvias: a maioria esmagadora dos homens baba pela beleza feminina. A tentativa de fazer da mulher uma simples vítima do homem é uma piada, pelo menos para os homens e as mulheres que têm experiência um do outro. Um dos erros crassos do feminismo, e que atrapalha a vida de muita gente, é confundir problema de cadeia (espancamento de mulheres) com vida cotidiana. A dificuldade do feminismo está em não delirar: uma coisa é impedir que uma mulher dirija um carro, como em alguns países muçulmanos, outra coisa é dizer que, se ela usa sua beleza para conseguir uma coisa, está sendo vítima de abuso de poder. A afirmação chega a ser risível – com o tempo passei a suspeitar de que, sim, há uma pitada de mau--caratismo no feminismo e provavelmente porque suas líderes são, em grande maioria, feias e mal-amadas e por isso querem um mundo feio e infeliz para se sentir mais em casa.

A maior inimiga da beleza da mulher é a outra mulher, a feia. A condenação do uso da beleza feminina por parte das mulheres é uma ferramenta das que não têm, por azar (a beleza ainda é um recurso contingente), acesso à beleza, seja porque são feias, seja porque (no caso dos homens), quando feio (ou fraco), ele não pode "pegar" a beleza da mulher nas mãos, beijá-la ou penetrá-la. Claro que há sofrimento aqui, mas de nada adianta "resolver" o sofrimento negando um fato óbvio: as feias têm raiva das bonitas. Talvez esta seja uma das maiores críticas que eu tenha contra essa praga: ao tentar "resolver" problemas centrais da vida, ela nos engana sobre a verdadeira gravidade deles. Como no caso dessa oposição entre beleza *versus* fealdade nas mulheres (em todos nós, porém nas mulheres mais, pelas razões que descrevi acima, e porque, como sou homem e gosto de mulher, gosto de falar sobre elas), vidas são dilaceradas pela inveja da beleza numa mulher. As feias, que são num certo sentido maioria e a regra, só aceitam uma mulher bonita quando esta já não é mais tão bonita. Beleza não é só "beleza", é abundância, fertilidade, fecundidade, enfim, é signo de vida. Sentir-se excluída disso por um simples azar (por isso se gasta tanto dinheiro para corrigir esse azar) dói como uma espécie de condenação que perpetua a solidão e a esterilidade.

A beleza numa mulher me faz querer entendê-la melhor, ouvi-la melhor, ser mais generoso com ela, mais justo, enfim, ser um homem melhor. Não se trata apenas de um "desejo meramente animal" – se assim fosse, até seria menos danoso o mal que a praga politicamente correta gera ao negar a agonia da beleza no mundo devido à inveja das feias. O alcance espiritual da beleza é fato estudado pelas religiões: o mal inveja a beleza do bem. Mas, para além (ou aquém) da dimensão espiritual, não há nada melhor no mundo do que uma mulher linda a fim de você.

Por isso é melhor levarmos a beleza mais a sério. Toda tentativa de proibir a exibição da beleza feminina é um ato nascido da inveja. Se você for bonita, observe se no trabalho não tem alguma feia que a detesta. O ódio das feias pelas bonitas nada mais é do que a agonia que a abundância gera na precariedade. Como somos seres precários (somos mortais, insignificantes cosmicamente e frágeis biologicamente), a falta de beleza é a regra (quase) universal.

Os funcionários da educação, do intelecto e da arte

O mundo do intelecto é uma moradia que tem muitas casas, quase todas tomadas por canalhas

Sou professor e gosto de dar aula, coisa rara na área. Na maioria dos casos, professores de universidade (ou não) são pessoas que, além de não gostar dos alunos, têm uma inteligência mediana e foram, quando jovens, alunos medíocres, que fizeram ciências humanas porque sempre foi fácil entrar na faculdade em cursos de ciências humanas. Claro que quase todos pensavam em si mesmos como um Marx ou Freud ainda não revelado. Ao final, o que se revela com mais frequência é alguém fracassado que ganha mal e odeia os alunos. Professores normalmente não gostam de ler ou de estudar, mas dizem que esse pecado é apenas dos alunos. Há um enorme sofrimento na maioria dos professores porque têm de fingir o tempo todo que acreditam na importância do que fazem. A maioria sucumbe.

Se adicionarmos uma pitada de insegurança à própria capacidade intelectual (refiro-me a uma insegurança maior do que aquela que todos nós temos em alguma medida), teremos o perfil da maior parte dos "funcionários da educação, da arte, da cultura e do intelecto", e não só dos professores. Tal insegurança, associada à quase absoluta falta de originalidade (as quais normalmente vêm juntas), explica em grande parte a razão de o politicamente correto encontrar entre esses "funcionários" seu lar ideal. Claro, afora a covardia, sempre necessária para se transformar em alguém que persegue os outros porque pensa diferente ou porque é melhor do que você. Nada é mais temido por um covarde do que a liberdade de pensamento. Toda forma de totalitarismo (o politicamente correto é uma forma de totalitarismo, e essa forma está presente na palavra "correto") sobrevive graças às hordas de inseguros, medíocres e covardes que povoam a educação e o mundo da cultura e da arte.

Na escola, a mediocridade vem regada à busca de novas teorias pedagógicas (normalmente com baixíssimo impacto ou possibilidade de verificação de suas premissas); na universidade, vem vestida de burocracia da produtividade e corporativismo de bando; na arte, nos discursos contemporâneos sobre a "destruição da forma". Modos distintos de "fazer nada" ocupando tempo e gerando institucionalização e papo-furado cheio de jargão técnico. Mas ela não para aí. Engana-se quem supõe que a mediocridade não se reproduz de várias formas apenas porque aparentemente a espécie não teria sobrevivido se fosse apenas de covardes. Digo isso por dois argumentos. O primeiro porque os medíocres são maioria, e isso pode ser indicativo de que a covardia foi adaptativa em grande medida. O segundo porque as baratas parecem ser bem adaptadas ao mundo e são maioria absoluta, como já suspeitava Kafka.

A suspeita de que a mediocridade reina entre os funcionários da educação e do intelecto aparece, por exemplo, na obra de dois grandes intelectuais do século xx, o crítico canadense Northrop Frye e o historiador do pensamento conservador americano Russell Kirk.

Frye afirma na introdução do seu monumental *O código dos códigos*, seu livro sobre a Bíblia como grande matriz da literatura ocidental, que a universidade é tomada por pessoas de personalidade insegura e medíocre que se escondem atrás de teorias consagradas a fim de garantir seu espaço "intelectual" nas instituições do conhecimento. Não apenas as universidades, mas também a mídia é povoada por pessoas que afirmam o que a maioria quer ouvir, porque isso garante adesões e reduz riscos de confronto. O politicamente correto é um caso típico de opção, por gerar adesões a um discurso autoritário. Basta analisarmos grande parte do que se fala na academia e na mídia para perceber o quanto se repete o mesmo papinho "do bem" que está longe de descrever a realidade, quase sempre intratável ao "Bem".

Para pegar um exemplo da mídia, basta pensarmos em figuras como dois presidente dos Estados Unidos, Barack Obama e Jimmy Carter (ambos claramente incompetentes em assuntos domésticos e internacionais e "líderes para mulherzinhas"), para ter exemplos claros do que é dizer coisas legais para receber as palmas de jovens e feministas. Ambos são gente "muito esperançosa" que mais atrapalha do que ajuda, na medida em que desconhece as realidades à sua volta. A incapacidade, por exemplo, de ambos entenderem o Oriente Médio é sofrível – mas voltaremos ao tema quando discutirmos as religiões. A mídia muitas vezes parece uma reunião de centro acadêmico de ciências sociais na forma de simplificar o mundo ao nível de uma menina de doze anos.

Já Russell Kirk, historiador do pensamento conservador anglo-saxão, nos anos 1950 percebia que a universidade corria o risco de virar espaço onde gente "sem posses" busca ascensão social. O que aconteceu. Aqui o que importa não é tanto o "número" de propriedades que alguém tem em seu nome, mas a atitude de "bancário" ou "burocrata" para com a vida universitária. Sujeitos "sem posses", como descreve Kirk, são pessoas que se apropriam da máquina institucional da universidade a fim de garantir seu futuro salarial (e o de seus amigos). O "sem posse" aqui implica antes de tudo a ausência de posse intelectual enquanto tal. Kafka diria: cara de rato, alma de barata. Um funcionário como esse teme antes de tudo a inteligência, por isso age de modo violento quando a percebe, muitas vezes em nome do "coletivo" e da burocracia. Desconfio de todo mundo que usa a palavra "coletivo" numa reunião de professores.

Juntando os dois argumentos, chegamos à mediocridade enturmada que caracteriza a vida intelectual e acadêmica. Nada há de se esperar da universidade. As ciências duras ainda podem entregar remédios e *robots*, as ciências humanas não têm nada para entregar. Quando algo de importante nelas acontece, é à revelia das instituições que as sediam. Todos estão quase sempre ocupados com seus miseráveis salários, mas dizem que não. O cotidiano é, assim, corroído pelo esforço do autoengano e da hipocrisia.

Outro tipo mentiroso e politicamente correto é o "artista". As artes plásticas contemporâneas ajudam muito para isso, na medida em que gente que não sabe desenhar pode ser artista figurativo. Nada que eu consiga desenhar ou pintar pode ser levado a sério como arte figurativa, porque eu não sei pintar ou desenhar nada. Um amigo num caderno cultural importante ou uma tese de doutorado ilegível numa universidade de nome sobre a obra de alguém pode fazer dele um grande artista. A crítica da forma e da coerência na "narrativa estética" (que em si pode sim ter um significado) tornou-se um grande cabide de emprego para artistas falsos, mas bem relacionados.

O que me leva a uma última questão envolvendo esses "funcionários da cultura". A "ética". Todos são muito "éticos" e vão à mídia falar em nome da "ética". Os acadêmicos, pelo que já foi dito aqui, não parecem seres muito éticos, ainda mais quando se lembra de que manipulam concursos ao seu bel-prazer. Quanto aos "funcionários da arte", estes não ficam atrás. Campo com quase zero de institucionalização, é quase sempre marcado por "testes do sofá" e conversas em coquetéis em lugar de qualquer "seleção criteriosa". Talvez não exista universo menos ético que o da cultura, da arte e da educação, mas graças a Deus ninguém sabe disso, e seus funcionários podem continuar posando de corretos.

Viajar jamais
O mundo virou um churrasco na laje

Um dos projetos da minha vida é não viajar nunca mais, pelo menos, cada vez menos e para menos longe. Exterior, nem pensar. Se acha estranho o que eu estou dizendo, é porque você não viaja o suficiente ou porque sofre daquele tipo de sintoma característico da "espiritualidade" da classe média, que é "querer conhecer o mundo, os museus, os aeroportos e sentir *frisson* porque irá a Paris". Se bate foto dentro do avião, é porque não há esperanças para você. Ficar feliz por sair de férias e viajar de avião é brega. Um conselho: se você tem mais de vinte anos e acha avião chique, finja que não acha. Sinto dizer, o mundo acabou. Fique em casa.

  Um amigo meu, especialista em análise estratégica de comportamento, me disse recentemente que em alguns anos a elite não mais viajará, afora para suas próprias propriedades. O aeroporto será um dos piores lugares para você ser visto. Temo que seja verdade. Dito de outra forma: só pobres (de espírito) viajarão, pois eles herdarão a Terra. Quando Jesus disse isso no Evangelho, nunca imaginou que isso aconteceria graças aos aeroportos e aos hotéis de luxo do mundo. Essa herança já se sente nos aeroportos e nos hotéis, pouco importa a classe ou o número de estrelas. O mundo acabou, fique em casa. Ver filmes em casa ficou mais chique do que ir para o exterior. Hordas de turistas, com sua alegria de classe média, destroem os países, invadindo catedrais com suas máquinas de filmar e suas fotografias digitais, tiradas enquanto comem comida (com gosto de plástico) de avião.

Sem dúvida que para a indústria do turismo isso tudo é muito bom, mas essa tragédia prova apenas como o mundo é contraditório. Marx não poderia ter acertado mais na sua crítica ao capitalismo do que quando viu que seu crescimento poderia ser autodestrutivo. O filósofo romeno radicado na França, Emil Cioran, já dizia nos anos 1960 que não era mais possível conhecer o mundo porque os bárbaros turistas o estavam destruindo. Talvez eu concorde com ele por um motivo que vai além do fato de o mundo ter virado um churrasco na laje, talvez seja porque, assim como ele quando fala das hordas da classe média francesa invadindo a Normandia nos fins de semana com suas *baguettes*, sucumbo a cada dia ao sentimento horroroso de que o mundo virou uma praça de alimentação de shopping center num sábado à tarde. Em determinados assuntos, a melancolia é mero controle de qualidade.

Esse tema é especialmente dramático, ainda que seja em si mesmo mínimo como problema, porque revela uma das maiores regras do politicamente correto: ninguém pode dizer que gente pobre (de espírito, porque você pode ter dinheiro e ainda assim ter espírito de churrasco na laje) é insuportável quando fica feliz em público. Principalmente quando acha lindo seus filhos correndo e pulando em cima dos outros. Uma coisa simples que aparentemente muita gente não entende: lindos são apenas seus filhos para você, para os outros são pequenos seres humanos mal-educados fazendo barulho. Aqui se traça uma fronteira clara entre você ser ou não um espírito de churrasco na laje: nunca pense que seus filhos são lindos universalmente.

A tragédia do *keeper* ("o bom partido")
Daqui a uns séculos vão ver nossa época como a época da histeria feminina sem limites

Imagino o número de mulheres, provavelmente as que não entendem nada de psicanálise freudiana ou que são muito chatas, que ficariam irritadas com o que vou dizer, mas vou dizer do mesmo jeito: daqui a uns séculos vão ver nossa época como a época da histeria feminina à solta.

Qualquer pessoa sabe que é difícil saber o que queremos com certeza. Uma das "vantagens negativas" da condição da mulher "antiga" era poder pôr a culpa no homem mesmo quando não sabia direito a causa de sua irritação – o fato é que ela ainda o faz, só que agora não podemos dizer que ela o faz. Um dos modos de o senso comum se referir à histeria feminina, não tão longe do pensamento freudiano, é dizer que a mulher não sabe o que quer e que se entedia com tudo o que tem. Não vou entrar no mérito dessa discussão técnica. É fato que a própria noção de que a mulher seria o sexo frágil sempre deu a ela a possibilidade de ter "crises" de modo mais tranquilo. Dificilmente veremos homens recomeçando suas vidas num curso de Pedagogia aos cinquenta anos. O fracasso profissional e financeiro é quase sempre o fim da linha para os homens, apesar das mentiras que dizem por aí. Já para as mulheres, a vida profissional como primeira opção é ainda uma "opção". Apesar da pressão sobre os homens, dizendo que vivemos num novo mundo, para os "melhores", as coisas não mudaram muito e, se mudaram, mudaram para pior.

Quando digo "melhores", me refiro ao que as americanas chamam de *keepers* (bons partidos). O verbo *to keep* em inglês nos permite brincar com o sentido da palavra em português, nos levando a pensar que um "bom partido" é um homem que sabe "guardar" (cuidar, manter, sustentar) sua família. Não se esqueça, cara leitora, do que vimos anteriormente quando discutimos a falsa teoria de gênero *versus* psicologia evolucionista: mulheres, independentemente de quanto ganham e de "quão emancipadas" são, não gostam de "sustentar homem", mesmo que mentirosas digam o contrário. Às vezes acontece, mas sempre por pouco tempo ou pelo menos sob a aura da exceção indesejada ou inesperada.

O que chamo de "tragédia do *keeper*" é o fato de que os melhores homens são os que mais sofrem com o lado negativo da "mulher moderna", em vez de aprender a usufruir a condição de estar cercado de mulheres modernas. E por que é assim? E qual seria esse usufruto?

O escritor americano Philip Roth, em seu livro O *animal agonizante*, afirma que infelizmente a emancipação feminina não foi usada pelos homens naquilo que ela seria uma vantagem para eles: a libertação masculina com relação à histeria da mulher que deixa os homens (os melhores, porque se preocupam em satisfazer e cuidar de suas mulheres e famílias) em apuros, porque, como todo homem sabe, a mulher nunca está satisfeita. E, se você se preocupa em deixá-la satisfeita, vive uma batalha sem fim, que ela mesma não reconhece como existente. Faz parte da histeria não ter consciência de si mesma.

Mas essa histeria tem um traço essencial para entendermos a argumentação de Roth: a "condição de fragilidade" da mulher, tão negada pela emancipação feminina. Se ela é frágil, o homem bom, atento, deve satisfazê-la justamente, e mais dramaticamente, porque ela é frágil. Sempre fez parte do jogo homem-mulher a suposta dependência que ela teria com relação a ele – por conta da fragilidade. Seja no sexo (a deliciosa ideia de que "dominamos" as mulheres), seja na vida fora da cama, justamente porque não eram emancipadas e por isso eram dependentes econômica, psicológica e socialmente. Sem entrar no mérito de se as mulheres eram ou são de fato frágeis, dependentes ou seja lá o que for, o que importa aqui é que essa fragilidade e essa dependência sempre foram um dado da cultura (talvez, antes de tudo, pela evidente fragilidade física da mulher em comparação ao macho da espécie). Combater com ferro e fogo essa dependência foi e é um dos objetivos "mais nobres" da emancipação feminina. Os homens são acusados pelas feministas de usarem e abusarem das mulheres porque elas seriam, antigamente, dependentes dos homens.

Mas, antes de responder às duas perguntas que fiz acima, relacionadas ao argumento de Philip Roth, vale a pena lembrar que, como diz a antifeminista americana Phyllis Schafler, "as feministas só conheceram na vida homens ruins, por isso falam o que falam dos homens". Ambos os autores parecem concordar numa coisa: o feminismo só conhece homens ruins, e seus efeitos só se abatem sobre homens bons: os "melhores", os *keepers*. E são justamente esses, segundo Roth, que é um autor identificado com o ideário da esquerda americana, diferentemente de Phyllis Schafler, que mais sofrem com as agonias das mulheres, e não os ruins, que nunca se preocuparam em deixar mulher nenhuma feliz (são esses que as feministas conhecem).

Com a emancipação feminina, as mulheres não precisam mais ser dependentes dos homens, mas os "melhores" não conseguem simplesmente ficar indiferentes aos sofrimentos das mulheres emancipadas (que continuam, independentemente de sua condição econômica, a buscar relações nas quais sua "fragilidade atávica" seja contemplada pela atenção e pela sensibilidade de homens *keepers*) e por isso não usufruem os "ganhos" possíveis da emancipação feminina (deixá-las entregues a sua própria sorte de mulheres "livres"). Esse é o usufruto que os "melhores" deixam de praticar, enquanto os piores, que nunca sofreram com a dependência feminina porque sempre foram indiferentes a elas (os que as feministas conhecem), estão muito bem, obrigado.

Assim sendo, a tragédia do *keeper* é a mesma tragédia da mulher emancipada. Ele, porque sofre na medida em que lhe é negado o "direito" de ser reconhecido como o "macho cuidador" – ele seria um mero machista –; e ela, porque afasta de si o *keeper*, pois ele se vê acuado e desvalorizado e por isso desiste de "cuidar" da mulher. O homem indiferente apenas se diverte (come todas, ainda mais quando são sozinhas e fáceis), enquanto o *keeper* (o bom partido) se deprime, e a mulher fica só imersa numa personagem que na realidade não existe: a mulher que não "precisa" de um *keeper* e que acaba sendo apenas a velha e comum mulher fácil de transar. E caidinha...

Religiões, fundamentalismos e budismo light
As religiões correm o risco de virar uma mistura de Hopi Hari, fanatismo brega e dieta balanceada

Deus deve estar profundamente deprimido com o mercado religioso. E não só ele, mas também Buda e similares.

Falar mal do cristianismo e do judaísmo é esperado numa pessoa politicamente correta, porque essas religiões são "opressoras", além, é claro, de ser provavelmente a religião dos pais deles, e por isso eles querem ser "críticos". Desconfio muito de gente "crítica". Normalmente as pessoas "críticas" posam para seus amigos "menos cultos", sua parca inteligência feita de generalidades.

O maior inimigo de Deus são seus crentes fervorosos. Como dizia o filósofo alemão Heine no século XIX: "Só se é traído pelos seus". Refiro-me aos novos fundamentalistas, dos pentecostais que incorporam o Espírito Santo na periferia das grandes cidades do Brasil e do mundo aos muçulmanos chatos que querem matar todo mundo toda hora. Em algumas mesquitas, se você respirar alto, é falta de respeito. Grande parte dos muçulmanos não é gente que acredita em paz, amor e diferenças, ao contrário do que intelectuais mal informados pensam. Costumo dizer que a náusea que esse tipo de crente me causa poderia fazer de mim um ateu mais facilmente do que os ateus que se julgam brilhantes porque são ateus. Até golfinhos conseguem ser ateus, porque o ateísmo é a visão de mundo mais fácil de ter: a vida é fruto do acaso e não tem sentido além dos pequenos sentidos que "inventamos".

Não vou falar aqui dos pentecostais porque não é politicamente incorreto falar deles justamente porque são cristãos. Mas acho que vale a pena uma ou duas palavrinhas sobre os fundamentalistas islâmicos (e sobre os budistas ocidentais, mais adiante), porque está na moda dizer que o Islã é a *"religion of peace"*. Só para cegos e ignorantes. Isso não significa que todo mundo seja fundamentalista no islamismo, de forma alguma. Mas sim que, além dos fatos óbvios (terrorismo islâmico), há muita "movimentação" radical no mundo islâmico. Por mundo islâmico, quero dizer não só árabe muçulmano, mas também muçulmano não árabe.

Em 2011, o mundo árabe passou pelo que as *cheerleaders* da esquerda (os intelectuais que babam em cima de tudo que lhes parece antiamericano) gostam de chamar "primavera árabe". Elas, as *cheerleaders*, não conhecem muito bem o mundo árabe (aliás, não conhecem nada muito bem, porque normalmente não leem muito nem gostam de estudar, por isso no tempo da faculdade ficavam no centro acadêmico, sonhando com Cuba) e logo pensaram que lá estavam estudantes franceses dizendo que "é proibido proibir", como na "revolução francesa" de maio de 1968, que acabou numa gostosa noite de queijos e vinhos, e as colegas como sobremesa (essa parte é aceitável!). O primeiro país da primavera árabe foi a Tunísia, e ela foi a primeira a fazer uma eleição democrática por votos, mas indícios claros foram dados de que o islamismo ou o Corão seriam referências importantes mesmo na Tunísia, país razoavelmente desenvolvido e distante de barbarismos, como o Afeganistão. Um dos ministros do governo de transição da Tunísia deixou claro que qualquer lei contra a lei islâmica seria abolida. O partido vitorioso foi um dos islâmicos. Partido ilegal durante a ditadura, com o fim dela, prometeu não ser fundamentalista como sempre foi. Chegando ao poder, como chegou, veremos o que o futuro guarda.[1] O mesmo quadro se revelou no Egito, que chegou a eleições um pouco depois e também deu vitória a dois partidos islâmicos (60% dos votos), sendo que o primeiro colocado (trata-se da velha Irmandade Muçulmana, inspiradora da Al-Qaeda), à diferença do segundo lugar nas eleições, os salafistas radicais, se diz agora light, como o primeiro colocado na Turquia e o primeiro na Tunísia.

O que você acharia se no Brasil o governo dissesse que a partir de hoje todas as leis levariam em conta o Velho Testamento? Dirão as *cheerleaders* que judeus e cristãos em seus países também levam em conta algumas leis bíblicas como parâmetro, o que é verdade, mas cada vez em menos casos e sob fogo cerrado das *cheeleaders*. Mas o ponto aqui é que aqueles mesmos que criticam a proibição do aborto no Brasil, por exemplo, por ser coisa de "católico", não criticariam abertamente a Tunísia ou o Egito por assumirem o Corão como limite de toda lei e de ter um partido islâmico no poder. E por quê? Porque é politicamente incorreto criticar o islamismo. Por isso digo que ser politicamente correto fere a inteligência ou revela mau caráter. Não conheço ninguém que adote o politicamente correto e não seja mau-caráter, fora aqueles que têm idade mental de dez anos.

---

[1] Nota à segunda edição: Hoje, 2019, a Tunísia vive um marasmo econômico, mas não se transformou numa ditadura de fato, apenas num regime autoritário light de partido praticamente único. Já a chamada "primavera árabe" revelou o que já se sabia, apesar do que os intelectuais-queijos-e-vinhos falavam dela naquela época. O mundo árabe continuou basicamente a ser o que sempre foi (talvez um dia mude, mas não mudou até agora): autoritário, fechado e movido por governos autocráticos. O caso egípcio é paradigmático; após as festas da "primavera árabe" nas praças, regadas a vocação "libertária" das redes sociais, os seculares descolados pediram a volta de uma ditadura do Exército pra conter a vitória da irmandade muçulmana. E a vida segue incorreta.

Grande parte do mundo islâmico trata mulher como animal de estimação e, acima de tudo, acha que, se você não é islâmico, é "menor", quando não deve ser simplesmente eliminado. Há pouca noção de "respeito ao outro" no islamismo, essa coisa que faz bem de fato, nos limites do possível e sem a baboseira politicamente correta. Mas ninguém pode dizer isso (grande parte do islamismo não respeita o outro) porque é politicamente incorreto. E por que o islamismo em sua maioria permanece no que chamamos vagamente de "período Neolítico em política"?

Posso dar duas respostas, seguindo dois sociólogos, Manuel Castells e Klaus Kienzler. Segundo Castells, a maior parte dos países de maioria muçulmana não teve uma modernização bem-sucedida (sem entrar no mérito do que seria uma modernização bem-sucedida, mas, aqui, uso a expressão no sentido de adentrar o mundo secular da liberdade individual como critério de vida social e política). Elites se modernizaram deixando o "povo" à margem, com fome e ignorância. Acima de tudo, não realizaram a separação entre religião como "mera" cultura e política como esfera do poder público organizado. Nesse sentido, esses países permanecem numa espécie de "Neolítico político". O resultado é que neles a religião (cultura) não deixou de ser referência prática cotidiana. É fácil de ver isso nas imagens da "primavera árabe" de 2011, quando os "revolucionários da liberdade" paravam em meio a tudo para bater a cabeça em direção à Meca. Para realizar essa separação, os valores ocidentais que reduzem a "importância" da religião têm de se impor. No limite, uma desvalorização da religião como verdade única tem de acontecer. Uma dúvida cética mínima tem de se impor. Um certo caráter *blasé* tem de se instaurar no comportamento com relação às verdades eternas e espirituais. Deus, de certa forma, tem de ficar um pouco ocioso como regente da vida comum. Nada disso se vê facilmente no mundo islâmico. Não entro no mérito de qual dos modelos de vida seja melhor, digo apenas que não se vê muita gente fugindo daqui para lá, mas de lá para cá. Repete-se assim o movimento da esquerda em relação ao antigo regime comunista: enquanto eles defendiam esses regimes, gente como eles provavelmente morreriam sob esses regimes.

Quanto a Kienzler, sua hipótese (naquilo que me é útil aqui) é mais "literária". O texto sagrado do Corão, à diferença da Bíblia ocidental, que levou, *grosso modo*, uns mil anos para se constituir como cânone oficial (texto sagrado) das religiões judaica e cristã, se fechou como cânone em cerca de cinquenta anos apenas. Além disso, a forma da linguagem é basicamente constituída de leis divinas de comportamento. O pouco tempo de "escrita" e a hegemonia de um único estilo literário implicam necessariamente menor "ruído" interno ao próprio texto, por isso, menos contradições surgiram quando o texto ficou "pronto" (e deve ter sido, claro, escrito por "menos pessoas"). Se um texto foi escrito durante mil anos (e há nele, como no caso da Bíblia, mais estilos literários, como poesia, narrativa mítica, livros de personagens, profecias, livros de conteúdo moral), o número de pessoas envolvidas na criação é bem maior do que em cinquenta anos, e daí os "ruídos" que tornam uma leitura "fundamentalista" menos viável. Aliás, o termo "fundamentalismo", que nasceu entre cristãos protestantes dos Estados Unidos no início do século xx, sem o tom pejorativo de hoje em dia, se referia justamente à busca dos "fundamentos" do cristianismo. É muito mais fácil falar em fundamentos quando o texto sagrado é mais homogêneo na forma e no conteúdo. Quanto mais distante desse tipo de homogeneidade, mais próximo de várias interpretações e falhas de consenso, coisas que o fundamentalismo normalmente abomina.

Essas duas razões, embora não únicas, são aceitas em grande medida pela comunidade de especialistas em religião como razoáveis para explicar em parte a razão de haver mais fundamentalismos entre islâmicos e com mais violência. Sabemos que a modernização implica uma profunda relativização de crenças, hábitos e costumes, e as duas causas descritas acima tendem a resistir bastante a fenômenos desestabilizadores (como a relativização e as crises dos hábitos e costumes) de verdades "eternas" e únicas.

Uma palavrinha sobre o budismo light ou sustentável, como costumo dizer. Esse tipo de budismo, que se relaciona bem com a "Nova Era" (salada de conceitos religiosos mal cozidos de várias tradições, para consumo da classe média semiletrada e com alta opinião sobre si mesma), é normalmente típico de gente bem egoísta e dissimulada. Dizer que se é budista (ninguém deixa de ser católico ou judeu e vira budista em três semanas num *workshop* em Angra dos Reis ou num centro budista nas Perdizes, em São Paulo) pega bem em jantares inteligentes, porque dá a entender que você não é um materialista grosseiro, mas um espiritualista sustentável. Basicamente, uma religião sustentável não precisa sustentar nada a não ser uma dieta balanceada, uma bike importada e duas ou três latas de lixo de design em casa, para reciclagem de lixo. Esse é o budismo da gente "chiquinha" de São Paulo. Normalmente é gente com grana, preguiçosa, que nunca quis arrumar o quarto quando era adolescente e, com o budismo light, descobriu que esse é um direito dela, porque no budismo não existe pecado, logo, você pode ser preguiçoso com bênçãos cósmicas. São normalmente pessoas com pouca compaixão pelos outros (os coitados crentes no pecado) e metidas a elegantes e inteligentes. Creem nas próprias virtudes espirituais (pode anotar: todo aquele que crê na própria virtude é um canalha) e justificam essa crença dizendo que não comem carne porque os animais também são pessoas. Para eles, a distância entre a virtude e o vício é a distância entre uma alface e uma picanha.

O budismo light é *fake* como uma Louis Vuitton falsa.

Natureza humana e felicidade
Os otimistas são o tipo de pessoa que ama a humanidade, mas detesta seus semelhantes

O maior fetiche de nossa época é a busca da felicidade. Vários são os instrumentos utilizados para tal intento, um deles, um tanto mais sofisticado para um mercado tão brega como o da felicidade contemporânea, é a literatura de autoajuda. O foco dela é quase sempre elevar a autoestima. Mas não devemos menosprezar a autoajuda achando que seja apenas um pecadinho de ignorantes. A filosofia, às vezes, também peca afirmando coisas que nem sempre são realidade, uma delas (essencial em nossa época, muito utilizada por uma das coisas mais ridículas que temos, os *workshops* motivacionais) é a ideia de que o homem seja bom ou, dito de outra forma, de que a natureza humana seja boa em si e capaz de "evoluir" (nenhum sentido darwiniano aqui). Se pensarmos bem, veremos que, no fundo, afirmações como essas sustentam a suspeita de que a autoajuda começou como um pecado de alguns filósofos. Quais seriam?

Minha tese é de que o desejo de mentir sobre a natureza humana é recente na filosofia e surge como reação à ruína do sistema medieval de pensamento centrado na noção de pecado, reação esta trazida pelas mãos do mundo moderno burguês. Mas, antes de descrever esse processo de surgimento da filosofia autoajuda da autoestima (que reúne em si a nova esquerda e os departamentos de recursos humanos das empresas num ato comum de picaretagem), farei um pequeno reparo.

Hoje em dia, uma das coisas mais queridas do politicamente correto é afirmar que não existe natureza humana. O homem e a mulher seriam "construídos social e historicamente". Vimos uma ideia semelhante a essa no campo da sexualidade chamada de teoria de gênero. A praga PC gosta dessa afirmação porque ela passa a ideia de que podemos melhorar (seja lá que sentido tiver essa expressão "melhorar") infinitamente intervindo "livremente" em nós mesmos, construindo seres humanos "livres" de si mesmos. A raiz dessa crença também é a tentativa de superação da ideia de pecado como "DNA da natureza humana" nas suas mais variadas formas. A intenção é negar que exista qualquer limite ao desejo humano de se transformar, fazendo da vida humana uma espécie de "projeto contínuo do humano novo". Por isso, afirmar que exista natureza humana por si só já soa politicamente incorreto, porque parece impor o limite que nossa adolescente modernidade detesta ver.

Na Idade Média, a natureza humana era basicamente pensada em termos teológicos: somos como nossos pais Adão e Eva, orgulhosos, viciados em sexo, mentirosos, invejosos e outras coisas óbvias que todo mundo sabe que é verdade, mesmo que Adão e Eva nunca tenham existido. Hoje em dia, a briga contra a natureza humana é uma briga contra o darwinismo e os limites impostos pelo que seria inato e não adquirido socialmente. Um dos maiores traços do mau caráter dos politicamente corretos é o marketing da transformação infinita de si mesmo e dos homens que teorias socioconstrutivistas (a moçada do "homem é uma criação social, logo, vou criar o homem que acho legal") pregam.

A mentira PC remonta aos filósofos que foram os pais da modernidade. O primeiro deles é o italiano Pico della

Mirandola, que viveu no século xv. Não estou dizendo que ele era politicamente correto (nem podemos dizer que Rousseau e Marx tampouco o eram, uma vez que nem o termo existia), mas sim que seu pensamento é chave para a mentira PC ter nascido como filosofia.

Em seu livro *Discurso sobre a dignidade do homem*, Pico afirma, contra a teoria do pecado original da época, que a natureza humana não era definida em princípio por pecado algum, logo, podia "criar a si mesma". Pico não podia ter noção da dimensão que uma ideia como essa assumiria. Tampouco podemos supor que todo mundo leu Pico e por isso existe a praga PC. Não, as coisas são um pouco mais complicadas do que isso. E, aqui, devemos fazer uso de uma breve análise da história das origens da modernidade, que estava nascendo exatamente nesse período. A ideia de Pico é fruto do processo de nascimento do mundo burguês pautado pela necessidade de crermos na capacidade livre e infinita do homem de criar e de produzir, daí que um pessimismo com relação às potências humanas seria uma má ideia, como no caso do pecado. Vemos que na origem do otimismo de Pico está uma vontade de crer num homem livre e autônomo. Entretanto, só alguém cego não vê que não "estamos com essa bola toda". Se você quiser acertar numa análise que envolva seres humanos, continue a usar o pecado como ferramenta para compreender o comportamento humano: orgulho, ganância, inveja e sexo continuam a mover o mundo (a luta de classes nada mais é do que um caso de ganância e inveja). O culto da ciência como conhecimento seguro do futuro humano sob controle das experiências "em laboratório" degenerou no culto do ser humano como tendo controle do que é e do que pode vir a ser. O próprio nascimento do Estado moderno e sua burocracia de controle do cotidiano também marcaram esse processo, na medida em que a experiência da organização da vida carrega em si um sentimento de potência positiva. Assim sendo, a ideia de Pico se deu num cenário de fé no humano, e não que ela tenha criado essa fé no humano.

A herança desse otimismo inicial se fará ainda mais clara quando filósofos como Hobbes e Locke, no século XVII, e Rousseau, no século XVIII, começarem a se perguntar acerca da natureza humana e suas possibilidades políticas de organização naquilo que costumamos chamar de filosofia do contrato social. A oposição clara se dará entre Hobbes e Rousseau, sendo que o segundo é de fato o pai da esquerda e de todo otimismo filosófico-político posterior a ele e, por decorrência, do politicamente correto. Para Hobbes, a natureza humana é egoísta, amedrontada e traiçoeira porque a vida, quando em desordem, traz à tona sua precariedade essencial. Por isso ele dizia que o homem é mau, e a sociedade o faz menos mau. Para Rousseau, o homem nasce bom, e a sociedade é que o estraga. Daí ele propor que devemos fazer uma sociedade em que os pobres mandem, porque eles tiveram menos sucesso com a sociedade corrompida existente. A chave da análise de Rousseau está na suposição de que nossa natureza "pura" só deseja o que é necessário. Os ricos puderam desejar além do necessário e foram corrompidos, os pobres não. Um governo dos pobres seria, portanto, menos corrompido. O próprio culto à ideia idiota de que deveríamos "aprender a viver" como os índios, os aborígines e as tribos africanas que vivem ainda no Neolítico advém dessa bobagem rousseauniana e da versão retardada do mal-estar romântico de que falamos antes. Apesar de hoje já sabermos que pobre pode ser tão ruim quanto rico, e que índios estão muito longe de ser sábios cultivadores de virtudes morais e naturais, a praga PC ainda insiste em dizer que a farsa de Rousseau, o tipo de pessoa que ama a humanidade, mas detesta seu semelhante, é verdade. O fato é que todo mundo gosta de ouvir que é bom e que os outros é que o fazem ser mau e infeliz.

Podemos ver que a literatura de autoajuda para elevar nossa autoestima é derivada dessa mentira de Rousseau: somos bons, basta que nos seja dada a chance de assim o sermos. Por isso que a felicidade vendida por esse mercado da autoestima sempre começa pela afirmação de que somos capazes e termina com a de que tudo dará certo. Não passa de um produto tardio e barato do velho fetiche burguês de querer acreditar em seu potencial. A própria ideia de dizer, como na educação, que todos os alunos são iguais e têm competências é fruto dessa mentira. Não, alguns poucos carregam a aula e o mundo nas costas.

Não vou me dedicar a criticar a autoajuda enquanto tal aqui porque todo mundo faz isso. O importante é que o leitor perceba que a autoajuda e a autoestima se encontram com o politicamente correto na medida em que ele é incapaz de dizer qualquer coisa que não seja afirmar a "beleza moral do homem", prejudicada apenas pela maldade de alguns poucos. Seu jogo é alimentar o orgulho humano, portanto, na verdade, ele é um tipo banal do velho pecado humano da vaidade. Mas numa versão baratíssima e miserável sem o drama trágico de um pecador como Raskólnikov de *Crime e castigo*, de Dostoiévski, ou de um Adão do *Paraíso perdido*, de John Milton. Dizer coisas como "todo índio é legal", "pobre é sempre gente boa", "gay é sempre honesto", "eu não gosto de dinheiro", quando na realidade todo mundo tem sua dose de miséria, além de vaidade barata, simplifica (como sempre, o pior efeito da praga PC é a burrice que ela cultiva) a natureza humana, nos impedindo de pensar em nós mesmos de modo adulto. Ideias como as de Pico e Rousseau servem para nos deixar infantis, e só gente infantil acredita na felicidade. Fingindo ser contra o mundo do mercado e do dinheiro, o politicamente correto é um dos seus produtos mais vagabundos em termos de qualidade. Entre a felicidade e a autoestima, prefiro o pecado.

Por último, ainda tratando da natureza humana, vale a pena recomendar um antídoto contra a filosofia que criou a autoajuda: os moralistas franceses do século XVII. "Moralista" em filosofia não é alguém que gosta de "dar regras" para os outros, mas um filósofo especialista em expor as fraquezas da natureza humana. Alguns mais famosos foram Pascal, La Rochefoucauld e La Bruyère. Por exemplo, La Rochefoucauld dizia que "espíritos são como amor verdadeiro, todo mundo diz que existe, mas ninguém nunca viu". Outra máxima dele é muito conhecida: "A hipocrisia é a homenagem que o vício presta à virtude". Vamos então falar de hipocrisia, um dos vícios preferidos dos politicamente corretos.

A nova hipocrisia social
Não basta a mulher de César ser honesta, ela tem que parecer honesta

Todo mundo sabe que a substância última da moral pública é a hipocrisia, por isso, quem nega esse fato é em si o primeiro hipócrita. O escritor irlandês Oscar Wilde já dizia que um ser visto na sua verdade plena é obsceno.

A nova hipocrisia social, a hipocrisia dos "bem-resolvidos", é a praga PC, além de outros comportamentos assemelhados. Diante dessa nova hipocrisia que não revela sua verdadeira natureza, prefiro a antiga, aquela do cristianismo. Já digo a razão.

Sade hoje defenderia a falta de saúde, a alimentação não balanceada, a poluição e o sexo "envergonhado", porque sexo livre virou uma das bandeiras da hipocrisia social: todo mundo se diz resolvido sexualmente e acha que todo mundo legal transa até os cem anos de idade quando na verdade quase todo mundo é infeliz sexualmente, como sempre foi a humanidade. O desejo é triste, como dizia o grande Nelson Rodrigues.

Negar que a hipocrisia seja a matéria pura da moral social é parte da mentira do politicamente correto. Mas não devemos compreender a praga PC aqui apenas como compreendem aqueles que querem reduzir a crítica ao politicamente correto ao "direito" de contar piadas de negros e gays (piadas assim nada mais são do que falta de educação doméstica). Aliás, tentar essa redução é simples mau-caratismo, porque a crítica ao politicamente correto é no fundo uma crítica filosófica, a partir da tradição que em filosofia se conhece como "moralistas franceses", à tentativa de negarmos os demônios da alma humana. Sim, quando você, caro leitor, se vê diante do espelho, vê facilmente o rosto da inveja, do orgulho e da mentira com seu nome próprio.

O ensaio anterior terminou com uma alusão a esses filósofos franceses (os "moralistas"), mestres em dissecar a alma. Contra a profissão de fé na ética de hoje em dia (quando não se sabe o que falar, fala-se de ética), proponho a nudez da alma humana e suas misérias. Uma marca essencial de qualquer pensador da ética é saber que ninguém pode se dizer ético, como hoje se faz em qualquer jantar inteligente. Se você se acha uma pessoa ética, é um canalha. Não existe a possibilidade de associarmos ética ou moral aos princípios do marketing, como se faz hoje em dia. E o politicamente correto é uma forma de marketing político e ético.

A crítica ao politicamente correto é uma crítica que se alimenta da suspeita acerca do pecado como essência do homem. Você pode jogar fora a crença no pecado em si (não precisamos acreditar em Adão e Eva para usar a ideia de pecado como essência do homem e da mulher) e guardar apenas suas "faces empíricas", como inveja, orgulho, preguiça, medo, ira, vaidade e outras similares. A hipocrisia social é necessária como forma de conviver com essas sombras fingindo que não existem, como quando sentamos à mesa para almoçar no domingo com toda a família ou quando vamos a uma festa de casamento de uma prima e falamos amenidades enquanto a comida não chega.

Acima eu dizia que prefiro a hipocrisia antiga, a do cristianismo, como norma pública moral à nova, a praga PC dos bem-resolvidos, porque a do cristianismo se construía como barreira à consciência de que os homens são maus. Já disse que acredito mais em Hobbes do que em Rousseau, o pai da praga PC. O novo hipócrita social pensa que não esconde nenhum monstro dentro de si. Quando um idiota politicamente correto fala de si mesmo, pensa em si mesmo como um anjo que, por conta do domínio dos malvados (os "outros" que são os cruéis dominadores do mundo), não consegue viver o bem que ele carrega dentro de si. Esse idiota usa a política como modo de esconder o mal em si mesmo. A defesa que o mentiroso PC faz da humanidade é na realidade uma defesa de si mesmo. Ao fazer isso, ele nega ao homem a possibilidade de entrar em contato com seus próprios demônios e assim o torna um enganador de si mesmo, um retardado moral e um canalha que não se reconhece canalha e, por isso, não tem nem mesmo a dignidade de se saber mau, à semelhança de figuras trágicas como Lúcifer.

Teologia de esquerda ou da libertação
Só se é traído pelos seus

Falemos um pouco do sofrimento de Deus diante da praga PC. Nem Ele escapa das garras do politicamente correto.

Não vou adentrar aqui discussões teológicas de peso. Já fiz isso em outros livros que escrevi, e o leitor pode ter acesso a eles se quiser. Quero pontuar apenas como a praga PC contamina também a teologia.

Sabe-se que a Bíblia Hebraica (que os cristãos chamam de Velho Testamento) tem alguns personagens importantes chamados "profetas". Esses profetas eram gente que criticava o governo, a moral pública, a ganância, o povo e seus ídolos. Para esse "hábito" de crítica social, moral e política, a teologia cunhou a expressão profetismo hebraico, cujo carisma (vocação, objetivo) era a crítica social, moral e política do povo hebreu. O cristianismo nasceu em grande parte dessa vertente, e Jesus e seus primeiros discípulos fizeram algumas críticas semelhantes, ainda que alguns pensem que Jesus foi mais "light" do que os profetas do Velho Testamento na sua "envergonhada aceitação de César".

Nos anos 1960, 1970 e 1980 na América Latina, teólogos católicos e protestantes criaram a conhecida teologia da libertação (dos pobres com relação ao poder econômico dos ricos), uma mistura de cristianismo com marxismo. Segundo Joseph Ratzinger (o ex-papa Bento XVI), em escritos dos anos 1980, a teologia da libertação pecava porque associava o carisma do profetismo hebraico (de que falamos acima) à análise histórica do materialismo marxista ateu. E o marxismo não precisa de Deus ou de Jesus para criticar os ricos, por isso a teologia da libertação acabou se associando a partidos políticos de esquerda e depois foi "jogada fora" (aliás, como toda a teologia) por ser, na verdade, inútil e desnecessária para a crítica marxista pura e simples.

Tinha razão Heine, pensador alemão do século XIX, quando disse que "só se é traído pelos seus", referindo-se ao ateísmo implícito de muitos dos teólogos de sua época, que se preocupavam mais com o personagem histórico de Jesus do que com a ideia clássica ao cristianismo de que Jesus seria também Deus.

Essa traição aparece na "envergonhada" associação que esses teólogos latino-americanos fizeram de Jesus com um Che Guevara antigo, mesmo que mintam dizendo que não. Para eles, a graça de Deus, salvadora, pousa (apenas) sobre os excluídos ao longo da história, ou seja, o proletariado, os pobres, os gays, as mulheres (que nem minoria são...), e esses "excluídos" são "o novo povo eleito". Diferentemente dos profetas hebreus antigos, que nunca disseram que o povo era santo, esses teólogos da libertação resvalaram para um discurso no qual se vê claramente a herança de Rousseau, segundo a qual todo problema é político e, portanto, opressão dos ricos sobre os pobres.

O politicamente correto da teologia da libertação se revela facilmente quando vemos como ela convive bem com os discursos politicamente corretos em vigor. Por exemplo, teólogos e teólogas da libertação usam expressões como "professor@s" (para não incorrer em machismo de usar o universal "professores" para homens e mulheres) e Deusa para não se referir a Deus no masculino. A convergência é óbvia.

Outra marca da praga PC assolando os "teóricos de Deus" é a negação sistemática que fazem da ideia de homem pecador em favor da ideia de homem como bom em si, mas dominado pelo peso do capitalismo. A teologia da libertação retira do homem toda e qualquer capacidade de se ver como responsável pelo mal, a menos que ele seja rico, oprima sua mulher e seja homofóbico. Como sempre, no politicamente correto, a teologia da libertação faz do homem um mentiroso sobre si mesmo ou um "retardado moral". Ao retirar a contradição moral de "dentro" do homem e colocá-la na política, "fora dele", como fazem os herdeiros de Rousseau, a praga PC e a teologia da libertação roubam do homem a possibilidade de angústia moral verdadeira, dizendo para ele que a culpa é dos ricos, e com isso elas apagam toda a tradição cristã de reflexão espiritual e moral centrada na consciência de culpa moral. Como dizia Heine, mais uma vez, só se traído pelos seus. Ninguém precisa de Nietzsche para matar Deus, basta chamar um teólogo da libertação.

A culpa
Nada é mais profundo do que uma pessoa com os olhos vidrados de culpa

A praga PC detesta a culpa. Uma das coisas mais comuns nos politicamente corretos é negar a culpa dizendo que é a sociedade que "impõe" a culpa como forma de controle. A famosa culpa judaico-cristã.

Antes de tudo, a ignorância típica do politicamente correto salta aos olhos porque a culpa não é um fenômeno ocidental, e mesmo o darwinismo aponta a culpa (vergonha e mal-estar moral) como um dos centros afetivos da vida moral do bando de caçadores-coletores, célula máter ancestral de nossa vida social.

Nada é mais profundo do que uma pessoa com os olhos vidrados de culpa. Pessoas sem culpa são monstros morais. O discurso segundo o qual a culpa é uma forma pensada de controle dos mais fortes sobre os mais fracos (em que pese o fato de que a culpa pode mesmo ser manipulada, como tudo mais que é verdadeiro na vida humana) é falso e indica antes de tudo uma mentalidade infantil, na medida em que se sentir culpado é um dos modos mais típicos da consciência moral.

Em assuntos como esses, melhor do que a argumentação pura e simples é a experiência. Você, caro leitor, já fez mal a alguém? Alguém que não merecia? Se a resposta for não, você é um mentiroso.

Injustiça social, mediocridade e banalidade
Inteligência não depende de justiça social

É feio mesmo um país cheio de favelas. Apesar de europeus chiquinhos e críticos adorarem conhecer uma. E quem sabe transar com uma de nossas negras ou negros. Só gente boba acredita na indignação moral dos europeus. Ou melhor, na indignação moral de qualquer um. A hipocrisia sempre foi a substância da moral pública.

O problema com o conceito de "justiça social" é que ele vale como angústia romântica, mas peca por falta de parâmetros racionais e concretos para realizá-lo. O filósofo escocês David Hume, do século XVIII, tinha por hábito comparar os racionalistas, ou seja, gente que crê na razão como forma de resolver a vida, aos fanáticos puritanos calvinistas de sua época. Para Hume, racionalista é fanático. Para o escocês *blasé*, como costumam descrevê-lo, que gostava de acordar tarde e não gostava de trabalhar, só fanático podia imaginar uma sociedade com "justiça social", porque produzir riqueza tem a ver com originalidade, inteligência, capacidade de disciplina, e nada disso tem a ver com "igualdade". A natureza não é igualitária em seus dons e suas dádivas, tampouco em suas misérias: poucos são sempre melhores do que a maioria. Isso não significa que devemos cultuar "injustiças sociais", mas que o melhor remédio para "injustiça social" é riqueza e abundância, e não pregadores fanáticos pela justiça social. E, para termos riqueza e abundância, precisamos deixar as pessoas produzirem o que elas têm de melhor, a saber, a realização de seus dons sem o peso de uma abstrata e irreal "igualdade" entre as capacidades humanas.

Se pensarmos bem, veremos que sociedades que "primam" por se julgarem justas socialmente, como, *grosso modo*, a Europa Ocidental, principalmente a Escandinávia, têm uma população de uns mil habitantes... Claro que ironizo, mas não é muito mais do que isso se a compararmos com países como Brasil, Estados Unidos ou China, nos quais "gente" é riqueza e maldição ao mesmo tempo. É fácil você pregar sobre convivência com o outro quando sua população é rica e quase todo mundo tem olhos azuis, é loiro e tem um nome do tipo "Amundsen". É fácil repartir com poucas pessoas quando se tem muito. Não é por acaso que os europeus se fecham aos imigrantes porque não querem dividir seu "sossego". É normal, o ridículo é negar isso. O politicamente correto nega que seja normal (embora não seja "bonito") ser egoísta e com isso dá uma roupagem bonita ao egoísmo, porque pretende torná-lo invisível.

Mas o problema maior com a abordagem politicamente correta desse tema é a suposição de que exista uma relação de implicação lógica entre justiça social e riqueza intelectual ou originalidade intelectual. Grandes períodos da história que produziram grandes feitos culturais ou intelectuais, como a Atenas de Platão, ou a Roma de santo Agostinho, ou a Paris iluminista, ou mesmo o período de caos econômico da República de Weimar, Alemanha, na qual floresceram filósofos como Walter Benjamin e Theodor Adorno, nada tinham de justiça social. Com isso não quero dizer que a injustiça social seja bonita, quero apontar para o infantilismo da praga PC, como sempre, que não reconhece que o ser humano seja bem mais complexo e incoerente do que as análises políticas supõem, ou melhor, que as engenharias políticas supõem. Lembremos sempre a distopia de Aldous Huxley, *Admirável mundo novo*: um mundo de gente feliz, sem liberdade (porque esta é essencialmente indiferente à igualdade), no qual a humanidade se perdeu dentro do projeto de higiene do sofrimento. Sociedades "justas" podem produzir grande mediocridade intelectual, como a nossa época, dadas as bobagens das redes sociais e as obsessões da saúde (fetiches "espirituais" da classe média). Muito do que o espírito humano produziu, ele o fez em meio ao sofrimento. Isso não justifica o sofrimento, apenas indica que uma cultura da felicidade e da justiça social pode apenas gerar gente banal e medíocre.

Nietzsche diz que um dia o asceta cristão foi ao deserto e se indagou acerca da razão de o sofrimento existir. "Por que sofremos?" Segundo nosso profeta alemão do niilismo, o asceta respondeu a si mesmo que o sofrimento existia para nos ensinar a "evolução espiritual". Erro crasso para Nietzsche, traço indelével do ressentimento dos medíocres diante do fato inegável de que o sofrimento não tem razão de ser porque o universo é cego. Hoje, o ressentimento, assim como a hipocrisia social, mudou de roupagem, ele é político. No fundo, o politicamente correto é um ressentido.

Hipocrisia em tempos de guerra
Somos basicamente covardes porque a vida é basicamente infeliz

Durante a Segunda Guerra Mundial, na França, um termo ganhou circulação internacional, "colabôs", ou seja, pessoas que colaboraram de uma forma ou de outra com o regime nazista de ocupação. O fenômeno não foi restrito à França, mas nela atingiu dramaticidade histórica.

É muito comum pessoas falarem da "resistência francesa" como se muita gente dela fizesse parte. E em todo lugar alguém conhece alguém que foi da resistência quando provavelmente foi "colabô" mesmo e por isso fugiu depois da guerra, pela vergonha a qual foi exposto. Mentira, a maioria conviveu "bem" com a ocupação, e não porque era excepcionalmente má, mas, sim, porque o cotidiano é banalmente covarde e estratégico. Não é minha intenção criticar a França, uso seu exemplo como regra universal.

Todo mundo gosta de pensar em si mesmo como corajoso. O politicamente correto assume que a humanidade é boa em si, apenas sofre más influências (de onde viriam essas más influências?). Esse modo de pensar revela a face autoajuda da praga PC. A verdade é que a covardia vem vestida de interesses banais, como um emprego, comida para o jantar, garantias de ir e vir, um cineminha sábado à tarde, enfim, melhor qualidade de vida. Grande parte das pessoas que colaborava com o regime nazista o fez porque queria "ter melhor qualidade de vida" durante aqueles anos negros. Com isso não quero diminuir a covardia moral, quero apenas apontar a falsidade moral daqueles que hoje negam que seriam colaboradores. Agem como muita gente agiu quando queimou e humilhou em praça pública mulheres que foram amantes de alemães durante a ocupação. Enquanto os alemães ali estavam, buscaram a ajuda dessas mulheres e, ao fim, se fizeram de grandes justiceiros.

Se acontecer algo semelhante hoje, ocorrerá a mesma coisa. Somos basicamente covardes porque a vida é basicamente infeliz.

Ditadura
Uma pergunta apenas

Esse assunto me interessa pouco, por isso, vou falar pouco dele. Minha intenção aqui é simplesmente fazer uma pergunta: se a ditadura brasileira matou tanta gente da esquerda, por que, ao terminar a ditadura, a cultura como um todo (professores, mídia, literatura, filosofia, ciências humanas, artes, os principais partidos políticos) se revelou completamente de esquerda?

Independentemente do fato de que ditaduras são horríveis, a brasileira não liquidou a esquerda como se fala por aí. E mesmo os tais guerrilheiros lutavam por uma outra forma de ditadura. Tivesse a guerrilha de esquerda vencido a batalha, nós acordaríamos numa grande Cuba. A ditadura, de certa forma, nos salvou do pior.

Leitor
Tem gente que se acha muito importante
em seu apartamento de dois quartos
de classe média

Uma das coisas mais terríveis é o chamado "receptor da mídia", seja ele leitor, seja telespectador. Talvez o segundo seja ainda pior do que o primeiro, porque para ler você precisa ser um pouco menos ignorante.

Certa feita perguntaram a um astronauta americano que esteve na Lua o que ele achava das teorias conspiratórias segundo as quais o homem não teria ido à Lua. Ele respondeu que existem pessoas que se levam muito a sério. Nada pior do que essas pessoas que não sabem nada, mas não sabem que não sabem nada, e levam suas vidas banais (toda vida é banal, mas a classe média com sua infinita baixa autoestima não sobrevive a esse fato) como se tivessem algum grande valor que não foi descoberto pelos outros. Não digo isso com a intenção de afirmar que, se leu cem livros, você seja supertop por isso. Você pode ter lido muito e ser um bobo do mesmo jeito. Mas o tipo médio do leitor de jornal ou do telespectador de TV é um medíocre que se acha o máximo, principalmente quando leva muito a sério suas opiniões sobre o mundo. Quase sempre não entende nada e vocifera seu não entendimento como parte da democratização do conhecimento.

Sou um quase descrente na capacidade da televisão de fazer algo que preste pela cultura (não sou 100% descrente, pois acredito em milagres), porque a televisão entra em todos os lares e por isso mesmo lida com aquele idiota ao qual fiz referência antes. Sua ruidosa ignorância banhada em autoestima criada pela fé na democracia gera a crença em si mesmo, e é isso que, creio, o astronauta americano tinha em mente quando respondeu à questão sobre aqueles que acham que a ida à Lua foi feita para ele, em sua "brilhante" inteligência, "descobrir" como farsa.

Na verdade é duro ser gente. E a maioria de nós é irrelevante mesmo, se arrasta pelo mundo como uma raça de abandonados que riem com pó entre os dentes. Mas o politicamente correto nos proíbe de dizer esta verdade: o leitor e o telespectador são idiotas, e no fundo nós, que "somos a mídia", pouco os levamos em conta porque quase nada do que eles dizem vale a pena. Não fosse pela desgraça do mundo capitalista (que nos obriga a ouvir esse sujeito porque ele é consumidor e há de disputá-lo como consumidor), não precisaríamos dele e poderíamos dizer-lhe esta verdade insuperável: você é um idiota e, se não fosse consumidor de nosso produto, esqueceríamos que você existe.

Bovarismo
Estar sempre insatisfeita é um direito de toda cidadã

Bovarismo é um termo inventado para descrever um comportamento feminino a partir de uma personagem chamada Emma Bovary, de um romance escrito por Gustave Flaubert no século XIX.

Nesse romance, Emma, ou Madame Bovary, como ficou conhecida, vive no mundo da lua sonhando com uma vida repleta de aventuras românticas e acaba se matando porque se apaixona por homens errados e destrói seu casamento e sua vida. A fortuna crítica costuma identificá-la como o exemplo típico da mulher burguesa que crê (e seu marido também) que dinheiro e shopping center resolverão o vazio necessário que é a vida cotidiana.

A crítica politicamente correta nos proíbe de dizer que Emma Bovary não morreu e que ela está presente em (quase) toda mulher (e talvez em muitos homens) que vive uma constante insatisfação com o envelhecimento e a ausência de "aventura" na vida. O mundo contemporâneo e sua vocação para a histeria como "direito de toda cidadã" (o bovarismo como direito de toda cidadã) pensam que a insatisfação feminina seja fruto de repressão machista. Mas não é. Qualquer homem que não tem medo da sua mulher (coisa rara, porque os homens sempre têm medo da mulher que amam) sabe que toda mulher é sempre insatisfeita. Em parte, podemos até reconhecer que durante muito tempo, talvez, os homens não se preocupassem em fazer gozar suas mulheres. A afirmação de que muitas mulheres nunca gozaram se tornou uma máxima típica de sabedoria chinesa: independentemente de fazer ou não sentido, é sempre tomada como sabedoria muito profunda. Mas não me parece que mulheres "livres" ainda possam usar desse argumento e, no entanto, a insatisfação bovariana continua. Não adianta, minha querida leitora, você nunca vai ficar satisfeita com o que tem. Logo nascerá em você aquele gosto azedo do vazio do que já não é mais novo.

A vítima disso não é só o homem que gosta de sua mulher ou de mulheres em geral, mas as próprias mulheres. A vocação infernal da mulher para querer ser sedutora o tempo todo deve ser vista, segundo a ala politicamente correta que vê a vida como balada adolescente eterna, como um direito de toda cidadã, e por isso ninguém pode envelhecer ou superar a histeria do desejo sem se sentir uma "velha" infeliz. Isso faz das mulheres uma infantaria de paquitas velhas que continuamente devem se superar nos modos de parecer jovens e sedutoras. Aquilo que é destino maldito (querer ser sedutora sempre) é erguido em categoria de direitos humanos, obrigando-as a ficar cada vez mais intratáveis na sua sede de ser sempre gostosas como vampiras sem charme. A alma, coitada, sempre vítima do corpo, agoniza sob o salto alto da histérica eterna que agora caminha sobre o mundo com ares de revolucionária.

Canalhas cheios de amor
*Em mim, o amor é raro como a virtude
de uma mulher louca de desejo*

Pouco me importa a África. Calma, caro leitor, exagero. Algum sentimento todos nós temos pelo sofrimento dos outros. Mas, se não o virmos, melhor, assim podemos ir ao cinema e jantar fora, porque inclusive, se não fizermos isso, nossos parceiros de vida vão nos achar uns chatos.

Nada mais chato do que o medo de não agradar. Não querer agradar é uma das maiores formas de libertação num mundo em que somos obrigados a amar tudo a nossa volta. Ninguém é capaz de tanto amor; amamos, quando muito, nossos familiares (e olhe lá) e umas duas ou três pessoas a mais. Uma das formas mais comuns de agradar é ter amores politicamente corretos. Por exemplo, deveriam vender tribos de índio para defendermos e provarmos que temos "consciência ecossocial" – mentira, índios brasileiros só não destruíram a mata atlântica porque viviam no Neolítico e nem conheciam a roda. A praga PC diz amar toda forma de vítima social, mas isso não passa de marketing. No dia a dia, são canalhas cheios de falso amor. Fizessem uma pesquisa de fato, provavelmente ninguém seria capaz de comprovar tanto amor pela humanidade.

No livro *Contraponto*, do escritor inglês Aldous Huxley (século XX), um personagem chamado Burlap tinha por hábito perguntar a todo mundo que encontrava pela primeira vez: "Você ama a vida?". Ele se dizia um amante de tudo e de todos.

Burlap é o grande canalha da trama. Não pagava seus funcionários, abusava de suas funcionárias, mentia e era um impostor cheio de falsas virtudes, apesar de se dizer devoto de São Francisco e, portanto, afirmar que adora a natureza e todos os seres vivos, "seus irmãos" – São Francisco é conhecido por falar coisas como "irmão Sol, irmã Lua".

Ao final, ele é o único que se dá bem, por isso o narrador diz ser ele aquele que vai herdar a Terra e o reino dos Céus. A canalhice sempre pagou bem nesse mundo, e o politicamente correto é uma das novas formas de canalhice que assolam o mundo da cultura, da academia e da mídia.

Em mim, o amor é raro como a virtude de uma mulher louca de desejo.

Banalidade
A Bahia é uma terra devastada pela alegria

Vivi muitos anos na Bahia. Tenho ótimas recordações. As mulheres baianas, como as mineiras, são doces e pouco competitivas. Uma qualidade essencial numa mulher, além da beleza, é não querer competir com seu homem em tudo. Homens não suportam mulheres fálicas.

Mas lamento profundamente o que se passou com a Bahia a partir dos anos 1980: a música brega do povo tomou conta da cultura de Salvador e, se você não gosta da "cultura afro" ou de "axé", é necessariamente um racista, o que não é verdade. Eu posso não gostar de música viking ou coreana e nem por isso sou racista. A condenação imediata da crítica à africanização compulsória da cultura baiana é exemplo claro do autoritarismo do politicamente correto.

Conheço muitas pessoas que não alimentam qualquer preconceito com relação à população negra da Bahia e que ainda assim não podem manifestar seu desgosto. E pior: os espaços culturais em Salvador cada vez mais são infectados por esse fundamentalismo afro, destruindo toda a diferença cultural na Bahia em nome de um grupo majoritário que se aproveita do discurso "democrático".

A proibição de recusar esse fundamentalismo afro é parte de uma proibição maior que é fruto da mesma sensibilidade democrática mencionada antes: a divinização do "povo" como culto democrático. A ideia de que qualquer coisa que venha do povo é boa é absurda. Além do mais, a maior parte do povo é idiota porque a maioria é sempre idiota e infantil. Associa-se a esse fato geral uma outra marca mais específica desse caso, que é a questão dos negros e da indústria das vítimas sociais e históricas como entidades sagradas da verdade moral.

Ninguém põe em dúvida a escravidão e o preconceito racial nem o dever de acabar com eles. Mas dizer que, por isso, "tudo que é africano é lindo" ou que "todo negro é maravilhoso", típico do politicamente correto, é um crime intelectual e afetivo.

O fato é que, além da devastação causada pela alegria histérica do axé baiano, vive-se numa constante escravidão a serviço do fundamentalismo afro. A Bahia é, nesse caso, um exemplo claro de vítima social e histórica da praga PC.

Os "sem iPads" do Reino Unido
*Ser mãe solteira só é bonito
em novela das oito*

A Bahia não é a única vítima social da praga PC. Somos todos, e também a Europa. Escrevo este ensaio em Londres. Num confortável apartamento no bairro de Kensington, na zona oeste da cidade, bairro de elite, distante das agonias sociais das regiões norte e leste, mais pobres.

Em 2011, assistimos à quebradeira que jovens londrinos fizeram em lojas de marcas caras da cidade para roubar bolsas Prada, iPads, iPhones e Blackberries. Coitadinhos deles, os "sem iPads"...

Muitos especialistas em psiquiatria social já tinham alertado para o fenômeno dos jovens ressentidos contra o fato de a sociedade não lhes dar bolsas Prada como parte do *welfare state* (Estado de bem-estar social).

Como diz o psiquiatra inglês Theodore Dalrymple, o ressentimento é um dos sentimentos mais fortes e duradouros na experiência humana, e o *welfare state*, ao encher as pessoas com direitos a (quase) tudo, cria uma situação peculiar, que é fazer com que os cidadãos sejam, ao mesmo tempo, ingratos com o que recebem (já que tudo o que recebem é direito "inalienável") e ressentidos quando não recebem seus "direitos". Não há saída para essa equação de geração de preguiça e mau caráter. E esses "direitos" custam caro. Quem paga a conta? Quem trabalha, é claro. A minoria sempre carregou o mundo nas costas.

O *welfare state* nega o fato de que poucos são mais capazes, mais inteligentes, mais esforçados e mais disciplinados e que por isso devem gozar dos resultados das suas virtudes. Dizer isso é politicamente incorreto, mas é verdade. A praga PC (e seu parceiro, o Estado de bem-estar social europeu, responsável em grande parte pela derrocada da Europa nos últimos meses) estimula o vício e pune a virtude por não a reconhecer e por fazer com que ela pague a conta dos vagabundos.

A verdade a ser dita contra a praga PC no Reino Unido é que existem famílias que não trabalham há três gerações porque vivem graças à "grana da rainha". Você pode receber até 2500 libras (mais ou menos R$13375,00) por mês, sem fazer nada. Todo mundo tem um cunhado vagabundo que adoraria viver à custa do Estado, não? Quando não à sua custa...

A natureza humana é, na maioria dos casos, leviana quando pode, e só se trabalha quando se precisa porque a maioria de nós detesta o que faz como trabalho. E quase ninguém tem uma vocação específica para uma profissão, e o sucesso implica agonias que a maioria não aguenta.

Além disso, os jovens são estimulados a serem agressivos e mal-educados como forma de exercer seu "direito psicológico" à liberdade do sujeito que não quer ser reprimido (basicamente não quer arcar com o peso de ser educado com os outros e suportar as tensões da vida adulta).

Alguns anos atrás, como demonstração de "liberdade", bêbadas foram presas enquanto abordavam homens na rua à noite para competir entre elas e ver quem fazia um homem gozar mais rápido com sexo oral (engolir mais esperma era sinal de capacidade erótica). Sorte dos caras...

Somando a isso tudo, as típicas campanhas sociais politicamente corretas (ainda que não as denominem assim no Reino

Unido) defendem a condição de mãe solteira como ganho da emancipação feminina. Todo mundo sabe que criança sem pai é estatisticamente mais permeável à disfunção social (mãe solteira só é bonito na novela das oito). A destruição ideológica das famílias em nome da emancipação feminina e dos filhos (o que as feministas chamam de "fim da família patriarcal"), a falta de emprego, o direito à preguiça universal e o culto da irresponsabilidade como forma de liberdade dos jovens têm criado um cenário de desespero no Reino Unido. Tudo isso com as bênçãos do politicamente correto declinado em inglês.

Esse caso revela a profunda relação entre a praga PC e o mau-caratismo.

O comércio de ideias
O politicamente correto é uma forma de ser mau-caráter

Aqui encerro o relato do meu pecado. A praga PC deve ser combatida não porque seja bonito dizer piadas racistas (não é), mas porque ela é um instrumento de (maus) profissionais da cultura, normalmente gente mau-caráter, fraca intelectualmente, pobre e oportunista, para aniquilar o livre "comércio de ideias" ao seu redor, controlando as instâncias de razão pública, como universidades, escolas, jornais, revistas, rádio, TV e tribunais. Nascida da esquerda americana, ela é pior do que a esquerda clássica, porque essa pelo menos não era covarde. A praga PC usa métodos de coerção institucional e de assédio moral, visando calar todo mundo que discorda dela, antes de tudo, tentando fazer dessas pessoas monstros e, por fim, tentando inviabilizar o comércio livre de ideias. Ideias não são sempre coisas "boas". Às vezes doem.

Ao final, a praga PC é apenas mais uma forma enraivecida de recusar a idade adulta e de aniquilar a inteligência. O que ela mais teme é a coragem. Por isso, diz que o povo é lindo quando não é, diz que as mulheres estão bem sozinhas, quando não estão (estavam mal acompanhadas e agora estão pior sozinhas, porque a humanidade é basicamente infeliz e incoerente com relação aos desejos e às expectativas), diz que a natureza é uma mãe quando ela é mais Medeia, nos proíbe de reclamar de gente brega ao nosso redor, mente sobre aqueles que lutaram contra a ditadura (eles não eram muito melhores do que os torturadores se tivessem a chance de torturar alguém), nega a importância da culpa porque é mau-caráter, enfim, não é capaz de reconhecer valor em nada porque nega a própria capacidade humana de fazer discernimento.

A praga PC é apenas mais uma face da velha ignorância humana.

Deixo você, leitor, com uma pérola de Nelson Rodrigues, o primeiro no Brasil a criticar a praga PC mesmo antes de ela ter esse nome. Nesta citação, vemos uma hipótese poderosa para a origem do politicamente correto: o aviltamento da cultura, da arte, do intelecto, enfim, do pensamento, em nome da política. Infelizmente, a cultura tornou-se "mera" política e com isso corre o risco de se fazer medíocre em sua obsessão, por reduzir a alma a um nada de vida.

> Eis o que eu queria dizer: o aviltamento começou quando o intelectual se politizou. Já não bastava ser "poeta", "romancista", "ensaísta", "dramaturgo", "pintor". Uma vez que a política é a linguagem do nosso tempo, o artista tem de sair de sua solidão criadora. Nunca se pediu um soneto a Bismarck, ou um romance a Roosevelt, ou um drama a Churchill.[2]

---

[2] Nelson Rodrigues, *O óbvio ululante: As primeiras confissões*. Rio de Janeiro: Agir, 2007, p. 233.

Apêndice
O valor da vida se arranca das pedras

Comecei este livro com um ensaio sobre o filme *Patton*, e terminarei com outro, *Pequena Miss Sunshine*. Patton, o (anti-)herói do filme, um general americano da Segunda Guerra, é "vencido" pelo embrião da praga PC, que privilegia a covardia (na figura de um soldado covarde) em detrimento da coragem, se dizendo defensora da sensibilidade humana. *Pequena Miss Sunshine* mostra como a sensibilidade também é irmã da coragem e somente ao seu lado revela sua maior beleza.

Nesse filme, uma família de perdedores tenta levar a pequena filha a tempo de participar de um concurso de beleza para meninas, chamado Miss Sunshine.

O pai, especialista numa fórmula de sucesso (autoajuda para recursos humanos), é um fracassado que não consegue vender sua fórmula a ninguém. Mas, ainda assim, insiste em "educar" sua família com seus nove passos.

A mãe, uma garçonete que só consegue trazer para casa frangos fast-food baratos, permanece doce e atenta aos filhos.

O avô, pai da mãe, que vive com eles, cheira cocaína e lê revistas pornô.

O tio, irmão dela, também acaba indo com eles, depois de tentar se matar por ter sido abandonado pelo amante jovem que o trocou por outro professor, agora mais famoso do que ele. Além de tudo, foi demitido. Especialista em algum grande escritor, nosso tio gay e suicida é uma daquelas pessoas que dedicam a vida a algo que ninguém dá valor.

Um filho mais velho "nietzschiano" que não fala com ninguém e quer ser piloto de caça, mas não poderá porque é daltônico.

E, finalmente, a candidata a Miss Sunshine, pequena, doce, carinhosa e sonhadora. Todos viajam numa Kombi amarela quebrada cuja buzina toca o tempo todo.

Mas, ao final e ao longo do filme, a família de perdedores se revela amorosa e atenta uns aos outros. E sobrevive de forma bela ao esmagamento que é a ordem do mundo.

E nos mostra aquilo que a praga PC nos rouba e que alguns remetem ao Talmude (livro judeu de comentários à Bíblia Hebraica ou ao Velho Testamento), outros ao escritor tcheco Kafka, e outros mais ao escritor francês Bernanos: "Os homens são como nozes, só revelam o seu melhor quando são esmagados". O valor da vida se arranca das pedras.

Este livro, composto na fonte Fairfield,
foi impresso em papel pólen bold 90 g/m², na gráfica Santa Marta.
São Bernardo do Campo, fevereiro de 2020.